中上級レベル日本語教材

語彙力ぐんぐん 1日10分

河野桐子・野口仁美・馬原亜矢 著

スリーエーネットワーク

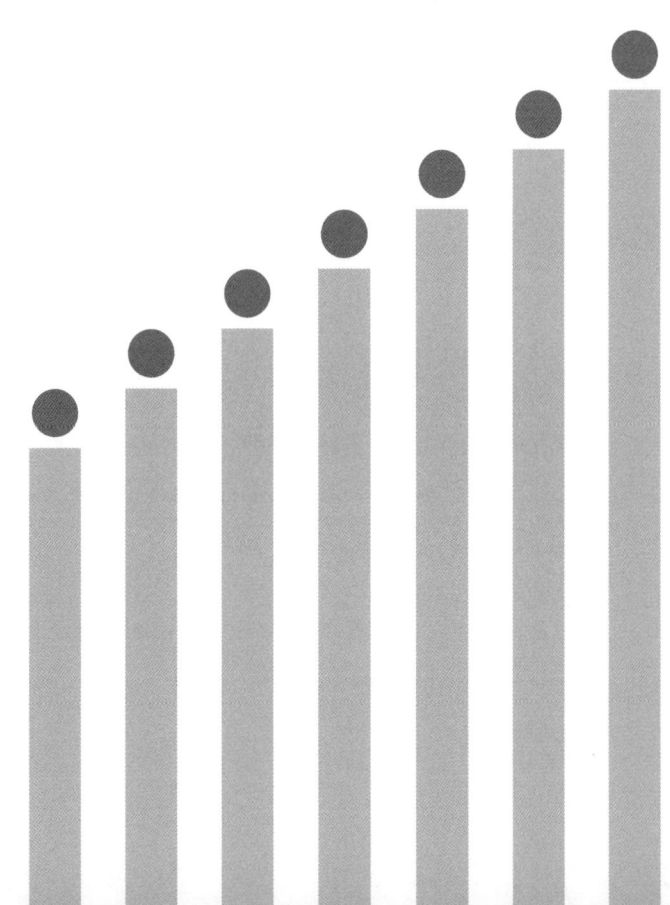

© 2003 by KAWANO Kiriko, NOGUCHI Hitomi and MAHARA Aya

All rights reserved. No part of this publication may be reproduced, stored in a retrieval system, or transmitted in any form or by any means, electronic, mechanical, photocopying, recording, or otherwise, without the prior written permission of the Publisher.

Published by 3A Corporation.
Trusty Kojimachi Bldg., 2F, 4, Kojimachi 3-Chome, Chiyoda-ku, Tokyo 102-0083, Japan

ISBN978-4-88319-271-7 C0081

First published 2003
Printed in Japan

はじめに

　中級や上級の日本語は難しい内容が多く、覚える事もずいぶん増えてきます。授業のウォーミングアップとして、また途中のアクセント、最後の楽しいまとめとしても利用できる問題を用意しました。授業が単調になったときや、少しリラックスしたいときにも使えます。

　この本では、擬音語・擬態語や、慣用的に使われている語を中心に取り上げています。ひとつの語を理解すれば、自然に他の語が類推できたり、暗記しやすいイメージを作り出すことができるように、語の構成や意味の点で関係のあるものをまとめました。

　また、問題はできるだけ会話文の形で提示していますので、答えあわせと解説が済んだあとは、声に出してその文を読み、実際の場面ではどんな風に使われるか学習者に練習させるといいでしょう。

　なお、この本の別冊に「留意点、解答、解説」をつけました。参考にしていただければ幸いです。

　　　　　　　　2003年3月　　　河野　桐子
　　　　　　　　　　　　　　　　野口　仁美
　　　　　　　　　　　　　　　　馬原　亜矢（イラストも）

目　　次

はじめに	iii
中・上級教科書との対照表	vii

擬音語・擬態語を中心として

1	どんな音？	1
2	なんで笑うの？	2
3	何の鳴き声？	3
4	怒っているんだぞ!!	4
5	～っと　1	5
6	～っと　2	6
7	○ん○ん　1	7
8	○ん○ん　2	8
9	○●○●　1	9
10	○●○●　2	10
11	○●○●／◎●◎●？	11

名詞

12	○●	12
13	2つの動詞で1つのことば	13
14	何を振る？	14
15	いらないもの	15
16	本のこと話しましょう	16
17	映画のこと話しましょう	17
18	どんな人？	18
19	どんな性格？	19
20	この意味わかる？　1	20

21	この意味わかる？　2	21
22	どんな手？	22
23	頭？　それとも心？	23
24	体の一部　1	24

慣用句

25	体の一部　2	25
26	体の一部　3	26
27	えっ！　それは大変だ!!	27
28	どんな様子？	28
29	目がどうした？	29
30	水がどうした？	30
31	どんな動物？　1	31
32	どんな動物？　2	32
33	どんな虫（むし）？	33
34	どんな木？　どんな花？	34
35	どんな数字？	35
36	○○○○、●●●●	36
37	「会話」弾（はず）んでますか？	37

まとめて覚える

38	何色？	38
39	いくら？	39
40	顔	40
41	頭	41
42	まっ〜	42
43	一〜	43
44	無〜	44
45	最（さい）〜	45
46	〜っくり	46

47	〜々	47
48	〜然(ぜん)	48
49	何人(じん)？	49
50	何屋さん？	50
	索引	51

中・上級教科書との対照表

課	日本語中級J501 （スリーエーネットワーク）	課	テーマ別中級から学ぶ日本語 （研究社出版）
1	19	1	3, 31, 32
2	25, 26, 27, 29	2	5, 6
3		3	44
4	2, 23	4	
5	17, 19, 38	5	
6	30	6	
7	2, 4, 5, 6, 20	7	39
8	17	8	18, 19
9	49	9	18, 38
10	3, 11, 31, 32	10	33
		11	35, 44
		12	
		13	4, 13
		14	
		15	12
		16	5, 6
		17	18, 19, 35
		18	47
		19	2, 5, 6
		20	22, 44, 47
		21	8
		22	
		23	
		24	35, 45, 49
		25	

課	テーマ別上級で学ぶ日本語 (研究社出版)	unit	生きた素材で学ぶ中級から上級への日本語 (ジャパンタイムズ)
1	23, 29, 43, 47, 48	1	18, 19, 50
2	15, 29, 43, 44, 49	2	14, 39
3	36, 43	3	27, 39
4	16, 22, 45	4	1, 10
5	44, 45, 49	5	15
6	47	6	23, 25, 29, 44
7	23, 29, 36, 43	7	
8	4, 5, 6, 22, 43, 45, 47	8	5, 6
9	42, 43, 47, 48	9	
10	12, 20, 27, 28, 43, 46, 47, 48	10	
11	9, 24, 43, 44		
12	3, 29, 31, 32, 43, 44, 47		
13	16, 24, 43, 47		
14	22, 24		
15	1, 22, 33, 43, 46, 47, 49		

1 どんな音？

1. 乗客：(　　　　　)
   駅員：お客さん、起きてください！終点ですよ！
2. (　　　　)、あっ、ごめん。前髪切り過ぎちゃった。
3. 〔水道の蛇口から (　　　　)〕
   母：あらあら、だーれ。また流しっぱなしにして、もったいないでしょう。
4. 夫：(　　　　)
   妻：ちょっと、せっかくいい音楽を聞いてるのに、横でせんべいなんか食べないでよ。
5. 〔遠くで雷が (　　　　)〕
   私：どこかで雷が鳴ってるよ。雨が降るのかな。
6. A：(　　　　)、ステキ！　私、彼のCD、全部持ってるのよ。
   B：ほんとね。テレビで見るより実物のほうが、かっこいいわね。
7. 〔だれかがドアを (　　　　)〕
   中の人：はーい。どなた？
8. 〔鍋の中で (　　　　)〕
   子ども：お母さーん。何を煮ているの？　おいしそうな匂いがするね。

| ア) キャーキャー | イ) グーグー | ウ) グツグツ | エ) ジャージャー |
| オ) ゴロゴロ | カ) コンコン | キ) チョキチョキ | ク) バリバリ |

2 なんで笑うの？

1. おばあさんは白雪姫に毒りんごを渡すと
   「(　　　　　)」と笑いながら森の中へ消えていった。
2. 先生：「(　　　　　) 笑って、何がおかしいんですか！」
   学生：「先生、先生の背中に『ばかっ！』って書いた紙がはって
   ありますよ。」
3. 赤ちゃんは紅葉のような手を広げ
   「(　　　　　)」と声を出して笑った。
4. 奥様は、「(　　　　　)」とうれしそうにお笑いになった。
5. A：なんだおまえ、そんなに (　　　　　) して、
   気持ちが悪い。
   B：だって、僕がガールフレンドがいないって言ったら、
   店長がね、妹さんを紹介してくれるって！
6. 受付のおねえさんは愛想がいいよね。
   いつも (　　　　　) していて。
   彼女の顔を見ると元気が出るよ。
7. 田中君は遅刻したのに、理由を言わないで
   「(　　　　　)」と笑ってごまかした。
8. マンガを見て (　　　　　) 大声で笑ったら、
   なんだかすっきりした。

ア）きゃっきゃっ　イ）くすくす　ウ）げらげら　エ）にこにこ　オ）ほほほ
カ）にやにや　キ）へへへっ　ク）ひひひ

3 何の鳴き声？

1. （　　）：国産のはうまいって評判だ。バターやミルクは北海道産が多いよ。
2. （　　）：ぼくの肌はピンク色。「とんかつ」にするとおいしいよ。でも、少しダイエットしたほうがいいのかな？
3. （　　）：早起きは私に任せて！
4. （　　）：毎年、毛を切られるけど、また伸びるから…。この毛でセーターを編むとあったかいよ。
5. （　　）：鶏が小さいときはこんな鳴き方をするんだ。一人前じゃないとき、「おまえはまだひよこだね」って言われるよ。
6. （　　）：私の特技はねずみを捕まえること。大好物は魚。ペットなんだけど犬じゃないのよ。
7. （　　）：木登りが得意。おしりはまっかっか。
8. （　　）：ぼくは騎手を乗せてひたすら走る、ゴールまで。

| ア）キッキッ | イ）コケコッコー | ウ）ニャーニャー | エ）ヒヒーン |
| オ）ピヨピヨ | カ）ブーブー | キ）メエメエ | ク）モーモー |

4 怒っているんだぞ！！

1. 父の大切にしていたカメラを壊してしまったので、父は顔を真っ赤にして（　　　　）に怒った。
2. 時間になってもバスが来ないので、待っている客は（　　　　）している。
3. 彼は、自分の提案がみんなに反対されたので、会議のあともずっと（　　　　）としていて機嫌が悪かった。
4. 母は小さいことですぐ怒る。きょうも私のテストの点数が悪かったので1時間も（　　　　）言われた。
5. 花子さんは、先生におしゃべりを注意されると、（　　　　）と横を向いてしまった。
6. 青山さんは、「給料が安い」とか「残業が多い」とかいつも（　　　　）会社の悪口を言っている。
7. 僕の彼女は本当に怒りっぽい。僕がデートに3分遅れただけで（　　　　）しちゃうんだよ。
8. あの店長、いつも下を向いて（　　　　）と文句を言ってるけど、何か僕たちに不満があるのかな？

ア）いらいら　イ）がみがみ　ウ）かんかん　エ）ぷいっ　オ）ぶうぶう
カ）ぶすっ　キ）ぶつぶつ　ク）ぷりぷり

5 〜っと 1

1. 田中さんは（　　　　）私を助けてくれると信じています。
2. （　　　　）前からあなたのことが好きでした。
3. 事故にあった飛行機に乗っていたら、と思うと（　　　　）する。
4. うろうろしないで、少し（　　　　）していなさい。
5. 何を言われても、こちらが悪いのだから、と思い、（　　　　）がまんした。
6. たまっている仕事は午前中に（　　　　）かたづけて、午後カラオケに行きましょう。
7. 息子があまり反対ばかりするので（　　　　）なってなぐった。
8. 朝、新聞に（　　　　）目を通してから、会社に行く。
9. 最近ストレスがたまっていた。カラオケで歌ったら（　　　　）した。
10. 鈴木君は恋人にふられたばかりなんだ。（　　　　）しておいてやろうよ。

ア）かっと　イ）きっと　ウ）ぐっと　エ）さっと　オ）すっと
カ）そっと　キ）ざっと　ク）じっと　ケ）ずっと　コ）ぞっと

6 〜っと 2

1. 大会が無事終わって、責任者の私は（　　　　）している。
2. 知らない人から、突然「太っていますね」と言われて、（　　　　）した。
3. いつも（　　　　）しない成績だったチームが、なぜか今回優勝した。
4. インターネットに熱中していて、（　　　　）気がつくと夜中になっていた。
5. 彼に見つめられて顔が（　　　　）赤くなった。
6. その子は、少し照れくさそうに（　　　　）笑って、私の方に手を差し出した。
7. 5回試験を受けて（　　　　）合格した。
8. 背の高い男が暗闇から（　　　　）現れた。

ア）にっと　イ）ぬっと　ウ）はっと　エ）ほっと　オ）ぱっと
カ）ぽっと　キ）むっと　ク）やっと

7 ○ん○ん 1

1. 春の陽が（　　　）と降り注ぐ。
2. きのう、夜中に（　　　）言ってたけど、お腹でも痛かったの？
3. 転んだ子があそこで（　　　）泣いているよ。
4. （　　　）咳をしているけど、かぜでも引いたの？
5. （　　　）照りの日に外で仕事をしたので日焼けした。
6. 冬の夜、雪が（　　　）と降り積もる。
7. 森の中を（　　　）進んで行くと、一軒の家が見えた。
8. 岩にぶつけたので、ひざが（　　　）痛い。

ア）うんうん　イ）えんえん　ウ）かんかん　エ）こんこん　オ）さんさん
カ）しんしん　キ）ずんずん　ク）じんじん

8 ○ん○ん 2

1. 魚屋の前でハエが（　　　　）飛んでいる。
2. 話が（　　　　）拍子に進んで、来月結婚することになった。
3. 大事故にあったのに、彼はそのことを（　　　　）と語った。
4. 彼女は僕が約束を破ったので（　　　　）している。
5. 料理、（　　　　）持ってきて！　きょうは僕が払うからね。
6. A：山田君、交通事故にあったんだって？
   B：うん、でも大したことないらしいよ。（　　　　）しているから。
7. 恋人はできるし、宝くじには当たるし、山田君は（　　　　）気分だ。
8. ガスがたまっているのかな。お腹が（　　　　）に張っているんだけど。
9. よし子さん、僕のことが嫌いなのかな？　何を話しても（　　　　）して、返事もしてくれないんだよ。
10. この本は作者が若いころから各地を（　　　　）としながら、そこで経験したことをまとめたものだ。

| ア) たんたん　イ) つんつん　ウ) てんてん　エ) とんとん　オ) どんどん
| カ) ぶんぶん　キ) ぱんぱん　ク) ぴんぴん　ケ) ぷんぷん　コ) るんるん

9 ○●○● 1

1. こちらの住所の方へ（　　　　）ご応募ください。
2. 向こうから（　　　　）歩いてくる人、お相撲さんよね。ちょんまげしてるもの。
3. 自分が親になって初めて親の苦労が（　　　　）とわかります。
4. 2階にだれかいるんじゃないの。天井が（　　　　）鳴っているよ。
5. もっと（　　　　）洗わないと、汚れが落ちないよ。
6. きのうの夜は熱帯夜だったそうだよ。だから一晩中（　　　　）したんだよね。
7. （　　　　）、あなた、ハンカチ落としませんでしたか？
8. 先生、うちの息子（　　　　）鍛えてください。一人っ子で甘えているんですよ。

ア）ごしごし　イ）どしどし　ウ）のっしのっし　エ）ひしひし　オ）びしびし
カ）みしみし　キ）むしむし　ク）もしもし

10 ○●○○ 2

1. なっとうは（　　　　）していて食べにくい。
2. 氷の上は（　　　　）して歩けない。
3. 梅雨なので、部屋の中は（　　　　）している。
4. ふうせんは春風にのって（　　　　）飛んでいった。
5. 風といっしょに砂が入ってきて、畳の上は（　　　　）だ。
6. 乾燥したクッキーは触ると（　　　　）崩れる。
7. プールの底は何年も掃除していないので（　　　　）している。
8. 公園で弁当を食べていたら、急に雨が（　　　　）降ってきた。

ア）ざらざら イ）じめじめ ウ）つるつる エ）ねばねば オ）ぬるぬる
カ）ぱらぱら キ）ふわふわ ク）ぼろぼろ

11 ○●○●／◎●○●？

1. 一生懸命勉強したので、成績が（くんくん／ぐんぐん）伸びた。
2. 渋滞していて、なかなか進まない。（のろのろ／ころころ）運転だ。
3. （きりきり／ぎりぎり）まで寝ているから遅刻するんですよ！
4. 熱が39度もある。頭が（かんかん／がんがん）する。
5. 迷子になった子どもの目から（ぽろぽろ／ぽかぽか）と涙が落ちた。
6. 道に迷ってしまって……。このあたりを1時間も（うろうろ／うとうと）していたんです。
7. 3ヶ月も雨が降っていないので、土は（がらがら／からから）に乾いてしまった。
8. スパイの映画は（はらはら／ばらばら）する場面が多い。

12 ○○○○●

1. 双子の弟のほうと結婚したことが、彼女の将来の（　　　　）を分けた。
2. あなたが正しいか、私が正しいか、裁判で（　　　　）つけましょう。
3. 初めてなもので、何もわからず（　　　　）してしまいました。
4. この試験に合格するかしないかでは、将来の生活に（　　　　）ほどの差がありますよ。
5. どんなことにも（　　　　）があるものですよ。あなたのように正直なだけでは生きていけないと思いますけど……。
6. テレビもずいぶん安くなって、小さいものなら1万円（　　　　）で買える。
7. 私が手相をみれば、あなたの（　　　　）がはっきりわかります。
8. この会社は（　　　　）関係に厳しいので、言葉づかいには気をつけてください。

ア）表と裏　イ）過去と未来　ウ）白黒　エ）上下　オ）前後
カ）天と地　キ）右往左往　ク）明暗

13 2つの動詞で1つのことば

例：お金の（**オ** 貸し借り）はしないほうがいい。

1. 年をとるとともに階段の（　　　　）が大変になってきた。
2. おじさんは若いころ、自分で土地の（　　　　）をしていた。でも今は不動産会社に任せている。
3. キャッシュカードがあるとお金の（　　　　）が楽だ。
4. ドアの（　　　　）は静かにしてください。
5. 腕を骨折してしまったので、服の（　　　　）に時間がかかる。
6. 同じ年の子どもがいるので、隣の家とはよく（　　　　）している。
7. ふとんの（　　　　）は面倒なのでベッドを買った。
8. 山登りのときは、（　　　　）するズボンをはいていこう。

ア）開ける／閉める	イ）あげる／おろす	ウ）行く／来る
エ）売る／買う	オ）~~貸す／借りる~~	カ）出す／入れる
キ）脱ぐ／着る	ク）伸びる／縮む	ケ）のぼる／おりる

14 何を振る？

1. 「さようなら」……（　）を振って友だちと別れた。
2. うちの犬はごはんの時間になると（　）を振って喜ぶ。
3. 「いいえ」、「ちがいます」というときは、（　）を横に振る。
4. 野球の試合で思いきり（　）を振ったら、ホームランになった。
5. オーケストラの演奏では指揮者が指揮（　）を振る。
6. マラソンのとき、みんなで（　）を振って選手を応援した。

ア）手　イ）バット　ウ）首　エ）しっぽ　オ）はた　カ）ぼう

15 いらないもの

1. ガラスや陶器は（　　　　）だから、魚や野菜のような（　　　　）とは分けて出してね。
2. 古くなった自転車やタンスは（　　　　）だから、毎月第3土曜日に出すんだよね。
3. A：あれ、肩に糸（　　　　）がついてるよ。
   B：あっ、ありがとう。
4. 「（　　　　）も積もれば山となる」っていうからね。1円でも大切に使わなくっちゃ。
5. もう1ヶ月も掃除していないので、テレビの上に（　　　　）がたまっている。

ア) ちり　イ) ほこり　ウ) くず　エ) 生ゴミ　オ) 粗大ゴミ
カ) 燃えないゴミ

16 本のこと話しましょう

1. （　　　　）小説は一つの話が短いので、電車の中で読みたいときにちょうどいい。
2. あなたも小さいころ、電気を発明したエジソンの（　　　　）を読んで感動した？
3. （　　　　）小説っておもしろいわよ。この人が絶対犯人だと思っていたら、実は意外な人だったりして……。
4. あの人の（　　　　）を読むと、彼女の考え方や生活がよくわかっておもしろいね。
5. （　　　　）は手紙を書くときやスピーチをするときに役に立つよ。
6. 先生、"江戸時代"についてもっと詳しく知りたいんですけど、何かいい（　　　　）を教えていただけませんか。
7. 夏休みにはゆっくり時間をかけて、「三国志」のような10巻近くある（　　　　）小説を読んでみるのもいいね。
8. 日本語が上手になったら、「源氏物語」や「枕草子」などの日本の（　　　　）も読んでみたい。

ア）エッセイ　イ）伝記　ウ）古典　エ）参考書　オ）短編
カ）長編　キ）推理　ク）実用書

17 映画のこと話しましょう

1. 子どもは（　　　　）が好きですよね。ディズニーの「白雪姫」とか「アラジン」とか、色もきれいだし、音楽も楽しいし……。
2. A：私は恋物語が好き。
   B：へー。君が（　　　　）が好きだなんて意外だな。
3. 夏はミイラなんかが出てくる（　　　　）映画がいいね。こわくて背中がぞーっとするような。
4. 「宇宙への旅」なんて（　　　　）映画も夢があっていいじゃない。
5. ビルの上から飛び降りる、（　　　　）映画なんかもいいわねぇ。スリルがあって。
6. オリンピックを題材にした（　　　　）の映画は迫力が違うよ。
7. （　　　　）を見て思いきり笑ったら、いやなことなんか全部忘れちゃうね。

| ア）アニメ　イ）S.F.　　ウ）ラブ・ロマンス　エ）アクション |
| オ）ホラー　カ）コメディー　キ）ドキュメンタリー |

18 どんな人？

1. A：花子さんは（　　　　）だね。いつも、赤い服ばかり着ているよね。
   B：それにひきかえ、みどりさんは（　　　　）ね。いつも灰色の服ばかり着ているもの。
2. 弟は（　　　　）だ。働かないで、いつも家でテレビばかり見て、ぶらぶらしているよ。
3. 伊藤さんって（　　　　）ね。こっちが全部言い終わらないうちに「わかりました」って電話を切っちゃうんだから。
4. うちのおばあちゃん、80歳なのに（　　　　）なのよ。出かけるときは、いつもスカーフをしてハイヒールをはいていくの。
5. A：あそこのご主人、1日に3人の人とデートするほど（　　　　）だったんだそうですよ。
   B：あーら、奥さんだって、どの人にもいい顔して八方美人なんだから、ちょうどいい組み合わせじゃないかしら。
6. うちのおやじは（　　　　）だから、いくら機械化が進んでも「うどんは手打ちじゃなきゃ！」って、いまだに手で麺を打ってるんだよ。
7. 主人は（　　　　）なんです。新婚旅行は近くの温泉、車は高いから自転車で通勤、風呂は水がもったいないから1週間に1回。
8. 母から聞いたんですが、私は3歳のころまで（　　　　）で、お客さんが来ると、いつも隠れて出てこなかったそうです。

ア）おしゃれ　イ）がんこもの　ウ）けち　エ）地味　オ）せっかち
カ）なまけもの　キ）派手　ク）人見知り　ケ）プレイボーイ

19 どんな性格？

1. あの人は（　　　　）から、頼まれると、「いや」と言えないんだよね。
2. あなた本当に（　　　　）ね。うそをついたことなんかないでしょう。
3. （　　　　）ねぇ、鈴木さんは……。みんなで中国へ旅行に行くことになって、他の人は早くから準備しているのに、今ごろ「パスポートはどこでとるの？」なんて言ってるんだから……。
4. A：きのう、飲みにいったときね、お金が足りなくて、田中さんに払ってもらったんだ。返さなくていいかなぁ。
   B：だいじょうぶだよ。田中さんは（　　　　）だから、そんなことぜんぜん気にしてないよ。
5. 妹は（　　　　）が強くて、私ができることは絶対自分もできるようになりたいと思っているようだ。
6. 彼女があんまり（　　　　）だから別れたよ。自分の思い通りにならないと、すぐ怒って、口もきいてくれないんだ。
7. 山田さんにはその話絶対にしないでね。彼女（　　　　）だからすぐにみんなに話してしまうよ。
8. 彼ったら（　　　　）だから、夜、暗い道を歩くのが大嫌いなのよ。「お化けが出るかも……」なんていうの。変でしょう？

ア）わがまま　イ）のんき　ウ）おしゃべり　エ）負けん気　オ）正直者
カ）おくびょう　キ）太っ腹　ク）人がいい

20 この意味わかる？ 1

1. 生まれて初めて人を好きになったのは、15歳の春でした。
   （　　　　）
2. あしたは試験、でも勉強してない。今夜は（　　　　）だ。
3. 主人の給料の一部を、主人に黙って隠しています。（　　　　）
4. 会った瞬間に好きになりました。（　　　　）
5. ごはんをもう一杯食べたいときに（　　　　）といいます。
6. 大学に落ちたので今は予備校に通っています。（　　　　）
7. 夜遅くまで友だちと遊んでいたら、パトロール中の（　　　　）に呼びとめられて、住所と名前を聞かれた。
8. A：「同窓会に出ます」って言ったら、急に主人の機嫌が悪くなったのよ。
   B：ご主人（　　　　）焼いてるのかもよ。あなた学生時代、男の子の間でとても人気があったから……。

ア）へそくり　イ）ひとめぼれ　ウ）はつこい　エ）てつや　オ）おかわり
カ）おまわりさん　キ）やきもち　ク）ろうにん

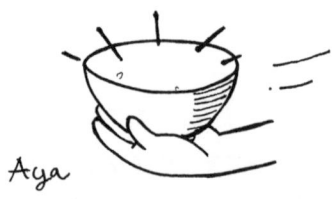
Aya

21 この意味わかる？２

1. テストの答えがわからなかったので、適当に選んだら（　　　）で当たった。
2. あいつ、ほんとに（　　　）だよね。前の入試のときは開始時間に遅れて失敗して、今度の試験は日にちをまちがえたんだって。
3. 彼女は（　　　）が強くて、自分は何でも人より優れていると思っている。
4. ぎょうざを作るとき、中国人の友だちにうまく包む（　　　）を教えてもらった。
5. 彼女、結婚（　　　）にあっちゃったんだって。婚約者に１千万円貸したら、彼がそのままいなくなって……。だまされたのよ！
6. 本当に25歳なの？　どう見ても30歳ぐらいに見えるけど……。（　　　）よんでんじゃないの。

ア）さぎ　イ）まぐれ　ウ）こつ　エ）うぬぼれ　オ）さば　カ）まぬけ

22 どんな手？

1. バブルのときに建てた家を売ろうと思うが、不況で（　　　）がつかない。
2. こちらは（　　　）な値段でございますよ。いかがですか。
3. このボランティア活動には、たくさんの人たちが（　　　）で、参加してくれた。
4. 悪党の（　　　）になって働くなんて、バカな奴だよ。
5. 何か（　　　）があったのだろうか。頼んだ荷物が届かない。
6. 彼は（　　　）だから、あっという間に出世したんだ。
7. 退職金を（　　　）に何か商売を始めようと思っているんだ。
8. これからは本物だけが生き残る時代だ。（　　　）の技術では決して成功できない。

ア）やり手　イ）手先　ウ）小手先　エ）元手　オ）手違い
カ）手弁当　キ）買い手　ク）手頃

23 頭？ それとも心？

1. 高熱（こうねつ）で3日間寝（ね）たきりだった。きょうは（　　）がいいから、少し起きて食べてみようか。
2. 確（たし）かにあの子はまだ7歳（さい）だけど、あの子にはあの子なりの（　　）があると思うから、聞いてみたほうがいいんじゃない？
3. なかなか病気が回復（かいふく）しないときはつらい（　　）をしましたが、今は病気もすっかり回復し、元気になりました。
4. ストレスがたまっているせいか、どうもやる（　　）がおこらない。
5. そんなに興奮（こうふん）しないでもう少し（　　）を冷やして！
6. いやな上司（じょうし）の下で、長い間働いた。でも、「もうがまんできない。今月でやめるぞ！」って（　　）を決（き）めたらすっきりした。
7. いつもけちな田中君（くん）が、今日はおごってくれたんだよ。（　　）悪いなぁ。何かあったのかなぁ。
8. 18歳のとき、たった一人で日本に来ました。あのときは本当（ほんとう）に（　　）細（ほそ）かった。

ア）心　イ）腹（はら）　ウ）考え　エ）頭　オ）思い　カ）気分
キ）気持ち　ク）気

24 体の一部 1

1. （　　　）をついて、ごはんを食べるのはお行儀が悪い。
2. 「そんなかっこうやめなさい」と、父はよく（　　　）にしわを寄せて、私を叱ったものだ。
3. 急に走ったので（　　　）腹が痛い。
4. 隣りの柿をとったら、おじさんが「コラーッ」って（　　　）を振り上げて走ってきた。
5. （　　　）が小さいのでイヤリングができない。
6. バレエの練習をしているときに、（　　　）で立ってくるくる回っていたら、（　　　）をひねっちゃった。
7. 彼女は自殺するつもりだったのか、（　　　）を切ったらしい。
8. 十字架の前で（　　　）まずいて神様にお祈りする少女。

ア）こぶし　イ）てくび　ウ）みみたぶ　エ）ひざ　オ）つまさき
カ）あしくび　キ）ひじ　ク）わき　ケ）みけん

25 体の一部 2

1. A：大学時代の友だちの花子さん、子どもが生まれるんだって。
   B：それは初（　　　）だね。
2. A：あんたが、何といってもできないものはできないよ。
   B：なんだよ、こんなに頼んでいるのに。この石（　　　）！
3. A：彼はスポーツ万能だし、一流の大学を卒業しているし……。
   B：でも、それを（　　　）にかけてないところがいいよね。
4. A：ダイエットすることに決めたから、これからケーキを食べるのはやめる！
   B：甘いものには（　　　）がない君にそんなことできるの？
5. A：きょうは忘れてしまったけど、今度会うときは必ずダイヤの指輪を持ってくるよ。
   B：そんな（　　　）だけの約束なんて信用できないわ。

ア）目　イ）鼻　ウ）耳　エ）口　オ）頭

26 体の一部 3

1. 親の（　　）をかじって、大学に行っているくせに、友だちにお金を貸すなんて、信じられない。
2. どこか働き（　　）ないですか。仕事がなくて、困っているんです。
3. この問題は難しくて（　　）も（　　）も出ない。
4. おい、おい、こんな（　　）もあてられない成績をとって来るなよ。
5. もっと本（　　）を入れて仕事をやってくれ。
6. おかしくて（　　）を抱えて笑った。
7. （　　）のいい料理人を使わないと、店の味が落ちるよ。
8. 娘は結婚、息子は大学、もうお金のことを考えると（　　）が痛いよ。

```
ア) 手　イ) 腹　ウ) 口　エ) 腕　オ) 目　カ) 腰　キ) すね
ク) 頭　ケ) 足
```

27 えっ！ それは大変だ！！

1. お酒を飲みすぎて（　　）が割れるように痛い。
2. 30kmも歩いた。（　　）が棒のようだ。
3. 飼い犬が死んだ。悲しくて（　　）が張り裂けそうだ。
4. 不合格だったらしい。（　　）を落として帰って行く。
5. 今回の失敗だけは大（　　）に見てやろう。
6. この秘密は（　　）が裂けても言えません。
7. このりんごは（　　）が落ちるほどおいしい。
8. その話は（　　）にたこができるぐらい聞いた。

ア）耳　イ）頭　ウ）胸　エ）肩　オ）ほお　カ）口　キ）目
ク）足

28 どんな様子？

1. 僕が大学に合格したと聞いて、父は＿＿＿＿＿＿て喜んだ。
2. 山田先輩は＿＿＿＿＿＿から、先輩に頼んで手伝いの人を探してもらおう。
3. おじいちゃんは孫の話をするとき、いつも＿＿＿＿＿＿。
4. 「そんなこと、お前にできるわけないだろう」と彼は＿＿＿＿＿＿た。
5. あの子は＿＿＿＿＿＿たにちがいない。よくしゃべるよなぁ。
6. 「また残業ですかぁ……」と女子職員は＿＿＿＿＿＿た。

＊下線に入る形に変えて入れてください。

ア）口から先に生まれる　イ）目じりがさがる　ウ）顔をくしゃくしゃにする
エ）顔が広い　　　　　　オ）口をとがらせる　カ）鼻で笑う

29 目がどうした？

1. とても痛くて＿＿＿＿＿＿ほどだった。
2. 彼女は美人だし、いつも真っ赤な服を着ているから＿＿＿＿＿＿よね。
3. 先生の家は私の家から＿＿＿＿＿＿だ。とても近い。
4. もうすぐ入試なので、息子は＿＿＿＿＿＿て勉強している。
5. 林くんは授業中、おしゃべりをしたり居眠りしたり、本当に最近の彼の態度は＿＿＿＿＿＿。
6. 田中さんは最近＿＿＿＿＿＿て成績がアップしている。
7. 私の妹は絵が大好きで、子どものころからよく美術館に行っていたので、絵を見る＿＿＿＿＿＿。

＊下線に入る形に変えて入れてください。

ア）目に余る　イ）目立つ　ウ）目が肥えている	
エ）目から火が出る　オ）目と鼻の先　カ）目に見える	
キ）目の色を変える	

30 水がどうした？

1. 男：あのときは本当にごめん。……こんな僕のこと、許してくれるかい？
   女：ええ。昔のことは全部＿＿＿＿＿＿ましょう。
2. Ａ：どう？　新しい土地の生活は？
   Ｂ：うーん、どうも慣れなくてねえ……。＿＿＿＿＿＿みたいだ。
3. 講演が始まると、会場は＿＿＿＿＿＿たようにシーンと静かになった。
4. 先日のボートレースでは、Ａ大学がＢ大学に大きく＿＿＿＿＿＿て優勝した。
5. Ａ：彼女、すごい美人だね。
   Ｂ：ほんと、彼女のような人のことを＿＿＿＿＿＿いい女って言うんだろうね。
6. Ａ：楽しいねえ、今日のパーティーは！　ビールどんどん持ってきて！
   Ｂ：すみませーん、これ以上頼むと、予算が足りなくなるんですけど……。
   Ａ：おい、おい、＿＿＿＿＿＿ようなことを言うなよ。せっかく盛り上がっているのに！

＊下線に入る形に変えて入れてください。

| ア）水をあける　　イ）水をさす　　ウ）水があわない　　エ）水にながす |
| オ）水もしたたる　　カ）水をうつ |

31 どんな動物？1

1. A：となりのビルで火事があったんだ。もう人がたくさん集まって来て。
   B：えっ、やじ（　　）が？
   A：うん、そう。で、消防車が入れないぐらいだったんだよ。
2. 彼女、人に何か頼むときはいつも（　　）なで声で頼むんだ。気持ち悪いよ。
3. 先月、会社が倒産した。しかしこのまま負け（　　）にはなりたくない！もう一度がんばって新しい会社を作ろう！
4. A：あんなに上手なのに失敗しちゃって……。
   B：ああいうのを（　　）も木から落ちるっていうんだ。
5. 「宝くじに当たったら、家を買おう」なんてとらぬ（　　）の皮算用だね。
6. 彼は（　　）のようにずるがしこいから、油断できない。
7. あいつがいくら逃げても、もうここまで追い込めば逃げられない。袋の（　　）だ。

ア）うま　イ）いぬ　ウ）ねこ　エ）きつね　オ）たぬき
カ）ねずみ　キ）さる

32 どんな動物？2

1. A：マリちゃん、きのうのパーティーでは妙におとなしかったよね。
   B：あの子、いつもそうなのよ。知らない人の前では＿＿＿＿＿＿＿のよ。

2. A：きのう、だれに会ったと思う？「離婚した」って聞いてたあの二人がね、腕を組んで歩いていたのよ。
   B：えーっ。
   A：＿＿＿＿＿＿＿たようだったわ。

3. A：いつもそのセーターとGパンで＿＿＿＿＿＿＿ね。この前、新しい服買ったじゃないの。なんであれ着ないの？
   B：うーん、同じ物のほうが、選ばなくてすむし、楽だし……。

4. かわいがっていた部下が私の悪口を社長に言ったらしい。＿＿＿＿＿＿＿とはこのことだ。

5. 僕は佐藤さんとは＿＿＿＿＿＿＿。彼といっしょに仕事するのはとても楽しいよ。

＊下線に入る形に変えて入れてください。

ア）馬があう　イ）着たきりすずめ　ウ）飼い犬に手をかまれる
エ）きつねにつままれる　オ）猫をかぶる

33 どんな虫？

1. 若いときから働き（　　）のように働いてこの家を買った。
2. 鞭で打たれたところが、（　　）腫れになった。
3. タワーの上から見下ろすと下を通る人たちが（　　）の行列のように見える。
4. そんな（　　）の鳴くような声で話すなよ。
5. 太郎君は泣き（　　）だね。また泣いているよ。
6. あの子は小さいころから「（　　）よ花よ」と育てられたせいで、家事は何もできない。

| ア）みみず　イ）虫　ウ）ちょう　エ）か　オ）あり　カ）はち |

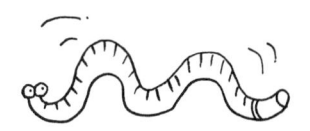

34 どんな木？ どんな花？

1. きれいで、明るくて、人気者のさちこさんは、職場の（　　　）だ。
2. あいつは子どものころばかにされたことを、今でも（　　　）にもっている。
3. あんなに優しくて、まじめな山田さんが、「昔悪いことをして何度も警察に捕まったことがある」ですって？ そんな（　　　）も（　　　）もないうわさ、どうして信じるんですか？
4. 僕の席の隣りは、右がさちこさん、左がふみよちゃん。こういうのを"両手に（　　　）"って言うんだよね。
5. 「うちの人、口は悪いけど（　　　）はいい人なんですよ」と、田中さんの奥さんは言った。
6. おまえ、あの劇団に入って何年になるんだ？ まだ、通行人の役ぐらいしかもらえないんだろう？ このまま（　　　）が出ないんだったら、他の仕事を探したほうがいいんじゃないか？

＊何回使ってもいいです。

| ア）花　イ）葉　ウ）芽　エ）枝　オ）根 |

35 どんな数字？

○（　）に入る数字は？

例：風呂あがりにはビールが（ 一 ）番！　おいしいよね。

1. あなたの言うことにも（　　）理ある。
2. 今から面接？　あっボタンがとれてる。ちゃんとしないと、だらしないと思われるよ。（　　）事が（　　）事、って言うでしょう。
3. 東大なんて、とても難しくて合格できないとは思うけど（　　）か（　　）か受けてみよう。もしかしたら、合格できるかもしれないからね。
4. この飛行機は安全だ。（　　）が（　　）エンジンが止まっても、補助のエンジンがすぐに作動するように設計されている。
5. 彼はあの大きな事故から（　　）死に（　　）生を得て、生還した。
6. 夫とは（　　）人（　　）脚でがんばって来たつもりなのに、今さら離婚なんて。
7. 人の好みは（　　）差（　　）別です。
8. 田中君には（　　）目おいている。

36 ○○○○、●●●●

1. 田中君は以前の彼とは（　　　　　　　）性格になった。
2. 昔の弱々しい彼とはもう違う、今や（　　　　　　）国会議員なんだから。
3. コーチに（　　　　　　）教えていただいたおかげで、こんなにうまくなりました。
4. こんな（　　　　　　）の無計画なやり方では成功しないよ。
5. 地震の被害にあっただけではなく、どろぼうにも入られて、これじゃ（　　　　　　）だ。
6. あなたと私は（　　　　　　）縁で結ばれている。
7. （　　　　　　）あなたのことを考えています。
8. お父さんは、娘の帰りが遅いので家の前を（　　　　　　）して心配している。

ア）いきあたりばったり　　イ）押しも押されもせぬ
ウ）似ても似つかぬ　　　　エ）手取り足取り
オ）踏んだりけったり　　　カ）行ったり来たり
キ）寝ても覚めても　　　　ク）切っても切れない

37 「会話」弾(はず)んでますか？

1. A：田中さん、あしたから毎日1,000メートル泳ぐようにしたんだって。
   B：無理(むり)だよ。あいつ体力ないんだから。＿＿＿＿＿＿＿
2. A：鈴木君(すずきくん)、あしたのテニスの試合、だいじょうぶ？　相手(あいて)は「とっても強い」って評判(ひょうばん)の、あの山田君だってね。
   B：＿＿＿＿＿＿＿
3. A：この薬を飲(の)むと簡単(かんたん)にやせられるんだって。
   B：えーっ？　＿＿＿＿＿＿＿
4. A：やっとできた。大変(たいへん)だったね。
   B：＿＿＿＿＿＿＿
5. A：きのうはほんとにごめんなちゃーい。
   B：＿＿＿＿＿＿＿

ア）額(ひたい)に汗(あせ)してがんばったかいがあったよね。
イ）ふん、あいつなんて、目じゃないよ。
ウ）口先だけだよ。
エ）舌(した)足らずな話し方をするな。
オ）そんな話、まゆつば物じゃないの？

38 何色？

○「赤」「白」「黒」「青」のどれ？

1. 純（　　　）のウェディングドレスを着て、バージンロードを歩きたい。
2. A：私、ほうれん草とか、ピーマンって苦手なのよ。
   B：つまり、（　　　）物がだめってこと？
3. 看護婦さんは「（　　　）衣の天使」って言われるんですよ。
4. 日本では昔からお祝い事があると、お（　　　）飯を炊くんです。
5. 一家の中心になる人を大（　　　）柱といいます。
6. 朱に交われば（　　　）くなるってね。だから、いい友だちを作ろう。
7. きのうまで権力をふるっていたあの大統領が失脚するなんて、（　　　）天の霹靂だ。
8. 「落ちていましたよ」と渡してくれたテストが0点だったので（　　　）面した。
9. 戦争や飢えで市民が苦しむ暗（　　　）の時代を二度と作ってはならない。
10. 記者会見の席上、A社の社長は顔面蒼（　　　）で、声も出ない様子だった。

39 いくら?

1. すみません、ちょっとお伺いしますが、博多駅から九産大前までの電車の運（　　）はいくらですか？
2. サラリーマンの給（　　）なんて、安いもんですよ。せめてボーナスの（　　）だけでも上げてくれればね。
3. A：大学の学（　　）どのぐらいですか。
   B：そうだね。授業（　　）が年間80万円ぐらいで、入学（　　）が諸経（　　）と合わせて40万円ぐらいだから、最低120万円ぐらいは必要だと思うけど……。
4. A：毎月の光熱（　　）、いくらぐらいですか？
   B：そうですね。電気（　　）は8,000円、ガス（　　）は5,000円ぐらいですかね。
   A：じゃ、合計したら私の交際（　　）と同じぐらいかな？
5. A：この前、ディズニーランドへ行ったんだ。
   B：あら、そう。入場（　　）、高かったでしょう！

＊同じものを何回使ってもいいです。

| ア) 費　イ) 料　ウ) 代　エ) 賃　オ) 金　カ) 額 |

40 顔

1. 「好きです！」なんて（　　　　）で、言われたら、はずかしくなりますよね。
2. 張さんが（　　　　）で教室に入ってきた。恋人から最近電話がないんだそうだ。
3. 家の前で交通事故が起きたら、（　　　　）しているわけにはいかないでしょう。
4. これはきっと（　　　　）の犯行ですよ。部屋の中で争った様子がありませんからね。
5. 彼女は何でも（　　　　）で話すけど、本当に詳しいのかな。
6. もう二十歳なのに、（　　　　）なのでいつも中学生と間違えられます。

ア）ものしり顔　イ）童顔　ウ）顔みしり　エ）しらん顔　オ）うかぬ顔
カ）真顔

41 頭

1. 「門限は10時だ！」なんて頭（　　　）に言われても、素直にきけないよね。
2. 田中さんの送別会の費用を頭（　　　）すると、一人2,000円ぐらいになるんだけど、いいかな？
3. 勉強ばかりして外で遊ばない子は、頭（　　　）な人間になって社会で役に立たなくなる危険性がある。
4. 家を買うことになった。頭（　　　）の300万円はもう払った。後は30年のローンで支払う。
5. ダンスパーティーをしたいから、出席者を30人ぐらい集めてくれって頼まれたんだ。頭（　　　）はそろえたけど、問題はみんなダンスができるのかどうか……。
6. この商品は人気が高くてよく売れたけど、新しい型が出たので、もうそろそろ売り上げも頭（　　　）だね。

ア）打ち　イ）数　ウ）金　エ）ごなし　オ）でっかち
カ）割り

42 まっ〜

1. 彼はごまかしたりうそをついたりしない、(　　　)な心をもった人です。
2. 「恋人ができた」というのは(　　　)なうそです。
3. きのうは暑かったので(　　　)で寝てしまった
4. 面接のとき、とても緊張して頭の中が(　　　)になった。
5. 遠足は「山に行く」か、「海にいく」かでクラスの意見が(　　　)に分かれた。
6. 大学に合格した。(　　　)に母に電話した。
7. 彼女は恋人が事故にあったと聞いて、顔が(　　　)になった。

ア)まっか　イ)まっさお　ウ)まっさき　エ)まっしろ　オ)まっすぐ　カ)まっぱだか　キ)まっぷたつ

43 一〜

1. ばらの花を1本、一（　　）ざしに飾った。
2. 長男のけががやっと治ったと思ったら、今度は夫が病気で入院した。ほんとに一（　　）去ってまた一（　　）だ。
3. 強盗の一（　　）に女がいるらしい。
4. 厳しい山本先生にもやさしい一（　　）があることを発見した。
5. 主人とヨーロッパ旅行をしたことは、私の一（　　）の思い出になりました。
6. 今度のプロジェクトは君に一（　　）するから、頼むよ。
7. 今回の一（　　）の事件は同一犯の疑いがある。
8. オリンピックで金メダルをとり、彼は一（　　）有名になった。

＊同じものを何回使ってもいいです。

| ア）連　イ）輪　ウ）難　エ）躍　オ）任　カ）味　キ）面　ク）生 |

44 無〜

1. 空には（　　　）の星が輝いている。
2. 事故を起こした会社の社長がそんな（　　　）なこと、言っていていいんですか。もっと真剣に考えてくださいよ。
3. 新聞記者というのは、時々、事件の被害者や家族に（　　　）な質問をして、彼らを傷つけてしまうことがある。
4. あの雪の山を越えて行こうなんて（　　　）な計画はよしなさいよ。
5. オリンピックの選手だった君が、僕たちのチームに入ってくれれば、天下（　　　）だ。
6. マリさんは、僕が彼女の名前を呼んだことに気がついたはずなのに、（　　　）して行ってしまった。なぜだろう？
7. 政治には（　　　）です。選挙にも行ったことがありません。
8. 1時間で、これだけの本を読むんですか。（　　　）ですよ。
9. 今度のパーティーは、僕の誕生日のためにみんなが用意してくれたんだから、（　　　）僕は行くよ。君はどうする？
10. 「言ってはいけない」と思うと（　　　）に手が口元をさわってしまう。

| ア）無神経 | イ）無論 | ウ）無視 | エ）無理 | オ）無敵 |
| カ）無謀 | キ）無責任 | ク）無関心 | ケ）無意識 | コ）無数 |

45 最〜

1. きのうは財布を取られたし、事故にあったし、恋人にふられたし、最（　　）の日だった。
2. 彼は最（　　）の妻をなくし、ひどく悲しんでいる。
3. 試験の成績はクラスの中で最（　　）位だった。あしたからしっかり勉強しよう。
4. 我が社は最（　　）端の技術を持っている。
5. 企業間の競争の最（　　）線で戦っているみんなに、社長として礼を言いたい。
6. 会社の業績を上げるために最（　　）限の努力をしている。
7. この寺は世界最（　　）の木造建築です。
8. 「最〜」の問題1〜7までできましたか。じゃ、この問題が最（　　）の問題です。

ア）大　イ）前　ウ）後　エ）先　オ）下　カ）愛　キ）悪
ク）古

46 〜っくり

1. ウサギに対して、カメは(　　)進む。
2. 田中さんって、本当にお父さんに(　　)だね。知らない人が見ても、すぐに親子だってわかるよ。
3. A：わっ！
   B：えっ！…ああ、なんだ、山田さんか。もう、(　　)させないでよ。
4. 夏休みの間にどの大学を受けるか、どんな勉強がしたいか、自分の将来について(　　)考えよう。
5. A：どうしたの？　元気ないわね。
   B：う…ん、最近、彼との関係が(　　)いかないのよね。
6. A：きのうのサッカーの試合どうだった？
   B：もう、(　　)きちゃった。あんなに応援したのに負けちゃったのよ。

ア) しっくり　イ) がっくり　ウ) じっくり　エ) そっくり　オ) びっくり
カ) ゆっくり

47 〜々

1. 彼は大観衆の前で（　　　）と話をしました。
2. 小さいころ（　　　）いじめられたから、今はとても強くなりました。
3. 工事は順調です。ビルの建設は（　　　）と進んでいます。
4. 先輩たちの心は時を越え（　　　）と受け継がれている。
5. 問題は（　　　）ありますが、何とかやっています。
6. 大臣に就任（　　　）、こんな問題が起こって……。どうしたらいいだろう。
7. 「もちろんできます」と彼は自信（　　　）に答えた。
8. 山田さんは、みんなが遊んでいても（　　　）と一人でがんばる人だ。

ア）着々　イ）満々　ウ）堂々　エ）黙々　オ）早々　カ）多々
キ）脈々　ク）散々

48 〜然

1. お世話になったらお礼を言うのが（　　）だ。
2. その情報は（　　）信用できない。
3. 写真を撮るから、そんな堅苦しい座り方をしないでもっと（　　）に座って。
4. みんなが見ている前で、ふたりが熱いキスをしたので（　　）とした。
5. 草むらの中から（　　）熊が出てきた。
6. 駅前のレストランより、学校のそばの食堂のほうが（　　）おいしい。
7. 彼女が離婚したことは（　　）の秘密だ。
8. 街の中で（　　）昔の友だちに会った。

ア）あ然　イ）偶然　ウ）公然　エ）自然　オ）全然
カ）断然　キ）当然　ク）突然

49 何人（じん）？

1. （　　）人を親にもつ子どもは就職のときなんかに有利でいいよね。
2. 「UFOを見た！（　　）人に会った！」なんて、うちの息子ときたら……。
3. 青い目の僕。「外人、外人」ってよく言われるけど、「（　　）人」って呼んでほしいな。
4. 卒業おめでとう！　あしたからもう立派な（　　）人だね。
5. 勝手に決めないで（　　）人の意思を確かめよう。
6. 家を借りるときは（　　）人が必要です。
7. うちの（　　）人は出張が多くてね、いつも家にいないのよ。
8. 事件の（　　）人はまだ捕まらない。
9. A：すみません、田中まゆみ先生の電話番号は何番ですか？
   B：あいにくですが、（　　）人の情報はお教えできません。
10. 私のような（　　）人にはノーベル賞なんて無理ですよ。

ア）個　イ）犯　ウ）本　エ）宇宙　オ）主　カ）凡
キ）有名　ク）保証　ケ）外国　コ）社会

50 何屋さん？

1. 佐藤君はみんなの前で話すのが苦手だ。(　　　　)なんだって。
2. 田中君は(　　　　)だから一人暮らしは無理だよ。
3. 鈴木さんは(　　　　)だから、将来絶対に成功するよ。
4. 父は、私が「結婚を許して」と何度言っても認めてくれない。なんて(　　　　)なんだろう。
5. 山田さんは神経質な(　　　　)だから、怒らせないように気をつけて！
6. さっきまで機嫌が悪かったのに、もうにこにこ笑っている。本当に(　　　　)だね。
7. 姉は写真を撮るとき、いつもモデルみたいなポーズをとる。(　　　　)だからね。

ア）おてんき屋　イ）がんばり屋　ウ）きどり屋　エ）わからず屋
オ）きむずかし屋　カ）さびしがり屋　キ）はずかしがり屋

索　引

あ

あおもの	青物	38
アクション		17
あげおろし	上げ下ろし	13
あけしめ	開け閉め	13
あしがぼうのよう	足が棒のよう	27
あしくび	足首	24
あぜん	あ然	48
あたまうち	頭打ち	41
あたまがいたい	頭が痛い	26
あたまかず	頭数	41
あたまがわれる	頭が割れる	27
あたまきん	頭金	41
あたまごなし	頭ごなし	41
あたまでっかち	頭でっかち	41
あたまわり	頭割り	41
あたまをひやす	頭を冷やす	23
アニメ		17
ありのぎょうれつ	ありの行列	33
あんこく	暗黒	38

い

いきあたりばったり	行き当たりばったり	36
いきき	行き来	13
いしあたま	石頭	25
いちかばちか	一か八か	35
いちじがばんじ	一事が万事	35
いちなんさってまたいちなん	一難去ってまた一難	43
いちにんする	一任する	43
いちみ	一味	43
いちめん	一面	43
いちもくおく	一目おく	35

いちやく	一躍	43
いちりある	一理ある	35
いちりんざし	一輪挿し	43
いちれん	一連	43
いっしょう	一生	43
いったりきたり	行ったり来たり	36
いらいら		4

う

うおうさおう	右往左往	12
うかぬかお	浮かぬ顔	40
うちゅうじん	宇宙人	49
うでのいい	腕のいい	26
うぬぼれ		21
うまがあう	馬が合う	32
うりかい	売り買い	13
うろうろ		11
うんうん		7
うんちん	運賃	39

え

S.F.		17
エッセイ		16
えんえん		7

お

おおめにみる	大目に見る	27
おかわり		20
おくびょう		19
おしもおされもせぬ	押しも押されもせぬ	36
おしゃべり		19
おしゃれ		18
おせきはん	お赤飯	38
おてんきや	お天気屋	50
おまわりさん		20

おもい	思い	23
おもてとうら	表と裏	12

か

かいいぬにてをかまれる	飼い犬に手をかまれる	32
がいこくじん	外国人	49
かいて	買い手	22
かおがひろい	顔が広い	28
かおみしり	顔みしり	40
かおをくしゃくしゃにする	顔をくしゃくしゃにする	28
がく	額	39
がくひ	学費	39
かことみらい	過去と未来	12
ガスだい	ガス代	39
かたをおとす	肩を落とす	27
がっくり		46
かっと		5
かのなくようなこえ	蚊の鳴くような声	33
がみがみ		4
からから		11
かんがえ	考え	23
かんかん		4
かんかん		7
がんがん		11
がんこもの	頑固者	18
がんばりや	頑張り屋	50

き

きたきりすずめ	着たきりすずめ	32
キッキッ		3
きってもきれない	切っても切れない	36
きっと		5
きつね		31
きつねにつままれる	きつねにつままれる	32
きどりや	気取り屋	50
きぶん	気分	23

きむずかしや	気難し屋	50
きもち	気持ち	23
キャーキャー		1
きゃっきゃっ		2
きゅうしにいっしょう	九死に一生	35
きゅうりょう	給料	39
ぎりぎり		11

く

グーグー		1
ぐうぜん	偶然	48
くず		15
くすくす		2
くちがさける	口が裂ける	27
くちからさきにうまれる	口から先に生まれる	28
くちさきだけ	口先だけ	37
くちだけのやくそく	口だけの約束	25
くちをとがらせる	口をとがらせる	28
グツグツ		1
ぐっと		5
くびをふる	首を振る	14
ぐんぐん		11

け

けち		18
げらげら		2

こ

こうさいひ	交際費	39
こうぜん	公然	48
こうねつひ	光熱費	39
コケコッコー		3
こころぼそい	心細い	23
ごしごし		9
こじん	個人	49

こつ		21
こてさき	小手先	22
こてん	古典	16
こぶし		24
コメディー		17
ゴロゴロ		1
こんこん		7
コンコン		1

さ

さいあい	最愛	45
さいあく	最悪	45
さいかい	最下位	45
さいこ	最古	45
さいご	最後	45
さいぜんせん	最前線	45
さいせんたん	最先端	45
さいだいげん	最大限	45
さぎ		21
さっと		5
ざっと		5
さば		21
さびしがりや	さびしがり屋	50
ざらざら		10
さるもきからおちる	猿も木から落ちる	31
さんこうしょ	参考書	16
さんさん		7
さんざん	散々	47

し

しぜん	自然	48
したたらず	舌足らず	37
しっくり		46
じっくり		46
じっと		5
しっぽをふる	しっぽを振る	14

じつようしょ	実用書	16
じみ	地味	18
じめじめ		10
ジャージャー		1
しゃかいじん	社会人	49
じゅぎょうりょう	授業料	39
しゅじん	主人	49
しゅにまじわればあかくなる	朱に交われば赤くなる	38
じゅんぱく	純白	38
じょうげ	上下	12
しょうじきもの	正直者	19
しょくばのはな	職場の花	34
しょけいひ	諸経費	39
しらんかお	知らん顔	40
しろくろ	白黒	12
しんしん		7
じんじん		7

す

すいり	推理	16
すっと		5
ずっと		5
すねをかじる		26
ずんずん		7

せ

せいてんのへきれき	青天の霹靂	38
せきめん	赤面	38
せっかち		18
ぜんご	前後	12
せんさばんべつ	千差万別	35
ぜんぜん	全然	48

そ

そうそう	早々	47

そうはく	蒼白	38
そだいゴミ	粗大ゴミ	15
そっくり		46
そっと		5
ぞっと		5

た

だいこくばしら	大黒柱	38
だしいれ	出し入れ	13
たた	多々	47
だんぜん	断然	48
たんたん		8
たんぺん	短編	16

ち

ちゃくちゃく	着々	47
ちょうへん	長編	16
ちょうよはなよ	蝶よ花よ	33
チョキチョキ		1
ちり		15

つ

つまさき		24
つるつる		10
つんつん		8

て

てくび	手首	24
てごろ	手頃	22
てさき	手先	22
てちがい	手違い	22
てつや	徹夜	20
てとりあしとり	手取り足取り	36
てべんとう	手弁当	22

てもあしもでない	手も足も出ない	26
てをふる	手を振る	14
でんき	伝記	16
でんきだい	電気代	39
てんてん		8
てんとち	天と地	12

と

どうがん	童顔	40
とうぜん	当然	48
どうどう	堂々	47
ドキュメンタリー		17
どしどし		9
とつぜん	突然	48
とらぬたぬきのかわざんよう	捕らぬたぬきの皮算用	31
とんとん		8
どんどん		8

な

なきむし	泣き虫	33
なまけもの	怠け者	18
なまゴミ	生ゴミ	15

に

にこにこ		2
にっと		6
にてもにつかぬ	似ても似つかぬ	36
ににんさんきゃく	二人三脚	35
ニャーニャー		3
にやにや		2
にゅうがくきん	入学金	39
にゅうじょうりょう	入場料	39

ぬ

ぬぎき	脱ぎ着	13
ぬっと		6
ぬるぬる		10

ね

ねこなでごえ	猫なで声	31
ねこをかぶる	猫をかぶる	32
ねてもさめても	寝ても覚めても	36
ねにもつ	根にもつ	34
ねはいいひと	根はいい人	34
ねばねば		10
ねもはもない	根も葉もない	34

の

のっしのっし		9
のびちぢみ	伸び縮み	13
のぼりおり	上り下り	13
のろのろ		11
のんき		19

は

はくいのてんし	白衣の天使	38
はずかしがりや	恥ずかしがり屋	50
はたらきぐち	働き口	26
はたらきばち	働き蜂	33
はたをふる	旗を振る	14
はつこい	初恋	20
はっと		6
ぱっと		6
バットをふる	バットを振る	14
はつみみ	初耳	25
はで	派手	18
はなでわらう	鼻で笑う	28

はなにかける	鼻にかける	25
はらはら		11
ぱらぱら		10
はらをかかえる	腹を抱える	26
はらをきめる	腹を決める	23
バリバリ		1
はんにん	犯人	49
ぱんぱん		8

ひ

ひざ		24
ひじ		24
ひしひし		9
びしびし		9
ひたいにあせする	額に汗する	37
びっくり		46
ひとがいい	人がいい	19
ひとみしり	人見知り	18
ひとめぼれ	一目ぼれ	20
ヒヒーン		3
ひひひ		2
ピヨピヨ		3
ぴんぴん		8

ふ

ぷいっ		4
ぶうぶう		4
ブーブー		3
ふくろのねずみ	袋のねずみ	31
ぶすっ		4
ぶつぶつ		4
ふとっぱら	太っ腹	19
ぷりぷり		4
プレイボーイ		18
ふわふわ		10
ふんだりけったり	踏んだりけったり	36

ぶんぶん		8
ぷんぷん		8

へ

へそくり		20
へへへっ		2

ほ

ぼうをふる	棒を振る	14
ほおがおちる	頬が落ちる	27
ほこり		15
ほしょうにん	保証人	49
ほっと		6
ぽっと		6
ほほほ		2
ホラー		17
ぼろぼろ		10
ぽろぽろ		11
ほんごしをいれる	本腰を入れる	26
ぼんじん	凡人	49
ほんにん	本人	49

ま

まがお	真顔	40
まぐれ		21
まけいぬ	負け犬	31
まけんき	負けん気	19
まっか	真っ赤	42
まっさお	真っ青	42
まっさき	真っ先	42
まっしろ	真っ白	42
まっすぐ		42
まっぱだか	真っ裸	42
まっぷたつ	真っ二つ	42
まぬけ		21

まゆつばもの	まゆつば物	37
まんがいち	万が一	35
まんまん	満々	47

み

みけん	眉間	24
みしみし		9
みずがあわない	水が合わない	30
みずにながす	水に流す	30
みずもしたたる	水もしたたる	30
みずをあける	水をあける	30
みずをうったよう	水を打ったよう	30
みずをさす	水を差す	30
みみずばれ	みみず腫れ	33
みみたぶ	耳たぶ	24
みみにたこができる	耳にたこができる	27
みゃくみゃく	脈々	47

む

むいしき	無意識	44
むかんしん	無関心	44
むし	無視	44
むしむし		9
むしんけい	無神経	44
むすう	無数	44
むせきにん	無責任	44
むっと		6
むてき	無敵	44
むねがはりさけそう	胸が張り裂けそう	27
むぼう	無謀	44
むり	無理	44
むろん	無論	44

め

めいあん	明暗	12

メエメエ		3
めがこえる	目が肥える	29
めがでない	芽が出ない	34
めがない	目がない	25
めからひがでる	目から火が出る	29
めじゃない	目じゃない	37
めじりがさがる	目じりが下がる	28
めだつ	目立つ	29
めとはなのさき	目と鼻の先	29
めにあまる	目に余る	29
めにみえる	目に見える	29
めのいろをかえる	目の色を変える	29
めもあてられない	目も当てられない	26

も

もえないごみ	燃えないゴミ	15
モーモー		3
もくもく	黙々	47
もしもし		9
もとで	元手	22
ものしりがお	物知り顔	40

や

やきもち		20
やじうま	やじ馬	31
やっと		6
やりて	やり手	22
やるき	やる気	23

ゆ

ゆうめいじん	有名人	49
ゆっくり		46

ら

ラブ・ロマンス　　　　　　　　　　　　　　　17

り

りょうてにはな　　　両手に花　　　　　　　34

る

るんるん　　　　　　　　　　　　　　　　　8

ろ

ろうにん　　　　　　浪人　　　　　　　　　20

わ

わからずや　　　　　わからず屋　　　　　　50
わがまま　　　　　　　　　　　　　　　　　19
わき　　　　　　　　脇　　　　　　　　　　24

著者紹介
河野桐子
　　　九州大学教育学部卒業
　　　1990年4月～現在　大学・専門学校等日本語教育機関に勤務。
　　　2013年11月　　日本語教師養成講座「語学の教え方研究所FUKUOKA ふぁん」設立
　　　　　　　　　　https://www.fukuoka-fan.jp/
　　　2018年7月　　 外国人の学ぶ・働く・暮らすをサポートする会社「(株) TABUNKA」
　　　　　　　　　　設立　https://www.tabunka-fukuoka.com/
　　　2020年2月　　 日本語学校を舞台として小説「老鼠愛大米」出版
　　　2023年4月　　 九州情報大学日本語別科　講師
　　　2024年6月　　 TABUNKAにほん語Online教室サイト (NOK) 設立
　　　　　　　　　　https://nok.tabunka-fukuoka.com/

野口仁美　東京女子大学文理学部日本文学科卒業 (国語学専攻)
　　　　　福岡市内の大学・専門学校等日本語教育機関で日本語講師として勤務

馬原亜矢　早稲田大学第一文学部卒業
　　　　　大学、日本語学校等、日本語教育機関にて講師

語彙力ぐんぐん 1日10分

	2003年5月8日　初版第1刷発行
	2024年9月6日　第16刷発行
著　者	河野桐子　野口仁美　馬原亜矢
発行者	藤嵜政子
発　行	株式会社　スリーエーネットワーク
	〒102-0083　東京都千代田区麹町3丁目4番
	トラスティ麹町ビル2F
	電話　営業　03 (5275) 2722
	編集　03 (5275) 2725
	https://www.3anet.co.jp/
印　刷	日本印刷株式会社

ISBN978-4-88319-271-7 C0081

落丁・乱丁本はお取替えいたします。
本書の全部または一部を無断で複写複製 (コピー) することは
著作権法上での例外を除き、禁じられています。

語彙力ぐんぐん1日10分

留意点・解答・解説

スリーエーネットワーク

＊解説は以下の辞典類を参考にしました。
現代国語辞典第2版（三省堂）
日本語を学ぶ人の辞典（新潮社）
国語辞典第5版（岩波書店）
広辞苑第5版（岩波書店）
類語例解辞典第1版（小学館）
新明解国語辞典第3版（三省堂）

擬音語・擬態語を中心として　1－11

1　どんな音？
【留意点】
　音に関する擬音語・擬態語を集めた。実際の音を録音して聞かせる、効果音のテープを聞かせる、CMを録画して見せるなどして説明するとよい。
【解答】
　1. イ　2. キ　3. エ　4. ク　5. オ　6. ア　7. カ　8. ウ
【解説】
　1. よく寝ている様子で、いびきの音を表す。「眠る」「寝る」と一緒に使う。
　2. はさみで物を切る音。じゃんけんの「ちょき」はここから来ている。
　3. 水道の蛇口から出る水やトイレの水が勢いよく流れる音。
　4. せんべいのようなかたい物を勢いよく食べる様子。
　5. 雷が鳴る音。
　6. 女性や子どもが興奮して騒ぐときの高い声を表す。
　7. かたい物を軽く続けてたたく音。ここではドアをたたく音。咳の「こんこん」は「7　〇ん〇ん　1」の4を参照。
　8. 鍋でシチューなどを長時間煮るときの音。

2　なんで笑うの？
【留意点】
　笑いに関する擬音語・擬態語を集めた。教師が実演して見せて、学習者にも笑い声を出させると楽しい。
【解答】
　1. ク　2. イ　3. ア　4. オ　5. カ　6. エ　7. キ　8. ウ

【解説】
1. 悪いことをしたり考えたりしているときの気味の悪い笑い方。
2. 声を押し殺したような笑い。
3. 無邪気な笑い。
4. 上品な笑い方。口元に少し手を当てて笑う。男の人は一般にこのような笑い方をしない。
5. ひとり満足しているときの表情。
6. 楽しそうな笑顔。
7. 照れくさそうに笑うとき。
8. 何も考えず、本当におかしいときにこんな笑い方をする。

3 何の鳴き声？
【留意点】
自分の耳に聞こえている動物の鳴き声をカタカナで表現するのは難しい。それぞれの国の「動物の鳴き声の擬音語」を表現してもらうと授業がさらに楽しくなる。ただし、その時の授業が、あまり子供っぽくならないように、注意しなければならない。

【解答】
1. ク 2. カ 3. イ 4. キ 5. オ 6. ウ 7. ア 8. エ

4 怒っているんだぞ!!
【留意点】
怒りに関する擬音語、擬態語を集めた。「いらいらする」のように直接「する」をつけて使うもの、「ぶすっとする」のように「とする」をつけて使うもの、「がみがみ怒る」「ぶうぶう言う」のように「する」と一緒には使えないもの、というように分類して教えるとよい。

【解答】
1. ウ 2. ア 3. カ 4. イ 5. エ 6. オ 7. ク 8. キ

【解説】
1. 頭から湯気がたっているような怒り方。よくマンガに描かれている。
3. ある程度長い時間不機嫌な様子。
4. 1と同様よくマンガに出てくる。怒った母親の口元から出ている吹き出しに「ガミ、ガミ」と書き込まれていたりする。
5. 横を向く動作を学生にやって見せるとわかりやすい。

6. 不平や不満を言う様子。
7. これは一般に、女性が怒る様子を表している。類語に「ぷんぷん」「ぶりぶり」がある。
8. 小さい声で不平や不満を言う様子。独り言を言っている様子を表すときにも使う。
   例：テストのとき、隣の人がぶつぶつ言いながら問題を解いていたのでうるさかった。

5　〜っと　1
【留意点】
「っと」で終わる語。最初の1文字を変えただけで、意味が変化していくおもしろさを学習者にも気づかせる。
【解答】
1. イ　2. ケ　3. コ　4. ク　5. ウ　6. エ　7. ア　8. キ　9. オ　10. カ

【解説】
1. 「必ず…なる」という強い気持ちを表す。
2. 「ずーっと」という言い方もある。「長い間」を強調した言い方。
3. 背中が寒くなるようなこわい感じ。
4. そのままの状態で動かない様子。
5. 手に力を入れて、感情を表に出さないイメージ。
6. 早く簡単にする様子。
7. 急に怒ったときに使う。
8. ここでは詳しくよく見るのではなく「全体をだいたい見る」という意味。他に「〜片付ける」「〜並べる」などがある。
9. 心が軽くなる感じ。
10. ここでは「一人にしておいてあげる」こと。「そっと」は「〜ドアを閉める」のように「静かに…する」の意味。

6　〜っと　2
【留意点】
「5　〜っと　1」を参照。
【解答】
1. エ　2. キ　3. オ　4. ウ　5. カ　6. ア　7. ク　8. イ

【解説】
1. 「安心する」の意味。
2. 心の中で急に腹が立つ様子。
3. 「ぱっと」は華やかで目立つ様子。「ぱっとしない」は「あまりよくない」という意味。
4. 急に気がつく様子。
5. 急に赤くなること。別に「暗闇にぽっと灯がともった」のように急に火がついたときにも使う。
6. 声を出さないで歯を見せて笑ういたずらっぽい笑い。
8. 暗闇から出てくる様子。

7 ○ん○ん 1
【留意点】
「○ん○ん」という型をもつことばを集めた。このように同じ型を持つ語をまとめて覚える方法も効果的だ。
【解答】
1. オ 2. ア 3. イ 4. エ 5. ウ 6. カ 7. キ 8. ク
【解説】
1. 太陽の光が明るく輝いている様子。
2. 胸やお腹を押さえて苦しんでいる様子。
3. （主に子どもが）声をあげて泣く様子。
4. 咳をする様子。ごほ（ん）ごほ（ん）よりも軽い感じ。
5. 夏の太陽が強く照る様子。「11 ○●○●／◎●○● ？ 4」も参照。
6. 夜静かに雪が降り積もる様子。
7. 早く進む様子。
8. 体の奥から感じる、しびれたような痛み。

8 ○ん○ん 2
【留意点】
「7 ○ん○ん 1」を参照。
【解答】
1. カ 2. エ 3. ア 4. ケ 5. オ 6. ク 7. コ 8. キ 9. イ
10. ウ

【解説】
1. 羽の音を立てて小さい虫が飛ぶ様子をいっている。
2. 物事が順調に進むこと。他に、ほぼ同じくらい、の意味もある。
　　例：収支はとんとんだ。
3. 大変なことがあったのに冷静な様子。
4. 怒っていることがことばや態度に出ている様子。
5. 続けて、次から次へ。
6. とても元気な様子。病気が回復したときなどに使う。
7. 嬉しくて、心が躍るような感じ。
8. 中に空気がたまっていっぱいの様子。
9. 冷たくて、近づきにくい感じ。
10. 次々と移っていく様子。

9　○●○●　1

【留意点】
「○し○し」というくり返しのリズムを持つことばを集めた。擬音語・擬態語は音や状態、気持ちなどを短いことばで的確に表現できて大変便利だが、日本語を母語としない人にとってはその細かいニュアンスの違いを理解するのが難しい。各例文から、どんな場面でそのことばが使われるのかイメージできるように指導する。

【解答】
1. イ　2. ウ　3. エ　4. カ　5. ア　6. キ　7. ク　8. オ

【解説】
1. この表現は主に「～ご応募ください」や「～申し込んでください」のような文の中で使う。
　　類語：「どんどん食べて」「料理をじゃんじゃん持ってきて」
2. 体の重いものがゆっくりと歩く様子。力士や象の歩き方を表現するときに使う。
3. 深く強く感じる様子。
4. 板などを踏んだときに出る音。
5. 力を入れてこする様子。
6. 湿度が高く暑い状態をいう。
7. 電話以外でも、このように呼びかけのことばとして使われる場合がある。

8. 「遠慮なく厳しく」の意味。「〜鍛える」「〜取り締まる」「〜指導する」などの動詞とともに使う。

10 ○●○● 2
【留意点】
同じことばを二回繰り返した擬音語・擬態語を並べた。
【解答】
1. エ 2. ウ 3. イ 4. キ 5. ア 6. ク 7. オ 8. カ
【解説】
1. 「ねばねば」は「粘る」からきた語。くっついたり伸びたりしてなかなか切れない様子。
2. 表面がなめらかで滑りやすい様子。
3. 湿気が多く不快な感じ。
4. 綿のようにやわらかくて軽い感じ。
5. 表面に細かいでこぼこがあり、なめらかでない様子。サンドペーパーなどを触らせるとよくわかる。
6. 乾燥したり古くなったりすることによって、くずれて小さくなる様子。
7. 長い間掃除をしていないプールの底や、油をさわったときのように、滑りやすく気持ちの悪い状態。
8. 雨などが少し降る様子。

11 ○●○●／◎●○●？
【留意点】
形がよく似た二つの擬態語を問題にした。二つの語を比較することによって、その語を正確に理解しているかどうかがわかる。
【解答】
1. ぐんぐん 2. のろのろ 3. ぎりぎり 4. がんがん 5. ぽろぽろ
6. うろうろ 7. からから 8. はらはら
【解説】
1. 成長や変化などが早い様子。「くんくん」はにおいをかいでいる様子。
    例：犬が電柱をくんくんかいでいる。
2. 動きが遅い様子。「のろい」からきたことば。「ころころ」は小さいものが転がる様子。
    例：小石がころころと転がる。

3. 時間や状態がいっぱいで、もうそれ以上残りがないこと。ここでは直前の意味。「きりきり」は「胃がきりきり痛む」のようにするどく痛む様子。
4. 何かで頭を強く打たれたかのように痛む様子。「かんかん」は「かんかん照り」のように夏の太陽が強く照る様子や怒ったときの表現にも使う。
5. 米粒や涙など、小さくて丸いものが続けてこぼれる様子。「ぽかぽか」は「ぽかぽかして暖かい」のように使い、暖かくて気持ちがいいこと。
6. 特に目的もなく歩いたり、道がわからないまま歩き回ったりする様子。「うとうと」は「テレビを見ながらうとうとしてしまった」などのように、居眠りをしているときに使う。
7. 水分がない状態。「がらがら」はかぜを引いたときや、のどを使いすぎたときに出る響きが悪い声。「がらがら声」のように使う。
8. 見ていて心配、不安な気持ちを表す。「ばらばら」は「みんなの意見がばらばらだ」のように一つにまとまらない様子。

名詞　12−24

12　○●

【留意点】
　相対することばで作られた語を集めた。

【解答】
　1. ク　2. ウ　3. キ　4. カ　5. ア　6. オ　7. イ　8. エ

【解説】
1. 人生の明るい面と暗い面。ここでは幸福と不幸。
2. どちらが正しいか。有罪か無罪か。
3. どうしていいかわからず、あっちへ行ったり、こっちへ来たりすること。
4. 「天と地ほどの差がある」とは「天と地ほどに大きく離れていて、全く違う」ということ。
5. 「表と裏がある」とは「外側からは良く見えても内側は全く違うことがある」という意味。
6. 数字の後につけて、値段や年齢などの大体の数を表す。
8. 「上下関係」とは上司と部下、先輩と後輩などの関係のこと。年齢の差ではない。

13　2つの動詞で1つのことば
【留意点】
「貸す／借りる」のように対応している動詞をいっしょにして、「貸し借り」のような名詞を作るものを集めた。他にも「乗り降り」や「寝起き」などここに出てくる動詞以外にもあるので、学習者とともに教室の中で考えるのもいい。
【解答】
1. ケ）のぼりおり　2. エ）売り買い　3. カ）出し入れ
4. ア）開け閉め　5. キ）脱ぎ着　6. ウ）行き来
7. イ）あげおろし　8. ク）伸び縮み
【解説】
2. 類語に「売買」「取引き」などがある。
6. ここで言う「行き来」は単に「行ったり来たり」ということではなく、つきあいや交流があるということ。
　　比較：「この道は人の行き来が多い。」（往来の意味）
8. 伸縮性があること。

14　何を振る？
【留意点】
「振る」という動詞は「塩を振る」（ちらしてまく）、「恋人を振る」（相手にせずはねつける）、「棒に振る」（むだにする）、「ルビを振る」（脇にそえる）のような形でも使うが、ここでは「前後、左右、上下に手を動かす」意味の「振る」を取り上げ、その振るものを集めた。
【解答】
1. ア　2. エ　3. ウ　4. イ　5. カ　6. オ
【解説】
1. 学習者それぞれの国の「さようなら」の動作を聞いてもいい。
2. この表現を人間に使うと「あいつはいつも偉そうにしているくせに、部長が来るとしっぽを振ってついていく」のように「ごきげんをとる」という意味になる。
3. 「首を縦に振る」（「はい」の意味）もいっしょに教える。

15　いらないもの

【留意点】
ひと口に「ゴミ」といっても、その種類はいろいろあり、地域によって分類の仕方が異なる。またリサイクルの対象となっているものもある。
「ゴミ」の関連語として垢・灰・（たばこの吸）殻・ふけ…などがある。

【解答】
1. カ／エ　2. オ　3. ウ　4. ア　5. イ

【解説】
3. 他に「紙くず」「木のくず」など。「くず」は使ったあとに残る役に立たないもの。また「役に立たない」の意から「人間のくず」という言い方もある。
4. 細かい土や砂またはゴミのこと。
5. 目に見えないほど細かいちりのこと。

16　本のこと話しましょう

【留意点】
本の下位語に当たるものを集めた。時間があればそれぞれのジャンルの代表的な作品を紹介するのもいい。

【解答】
1. オ　2. イ　3. キ　4. ア　5. ク　6. エ　7. カ　8. ウ

【解説】
2. 人の一生を書いたもの。
4. 著者の考えや感じたことを自由に書いたもの。
8. 古い時代に書かれて、今でも読まれているもの。

17　映画のこと話しましょう

【留意点】
「映画を見にいきませんか」は初級で学ぶ構文であるが、さらにその会話を発展させるためにどうしても必要なのが、ここに取り上げたようないわゆる下位語の存在である。中上級レベルの学習者は、「映画」のような上位語だけではなく、その下位に当たる語彙も増やしていく必要がある。

【解答】
1. ア　2. ウ　3. オ　4. イ　5. エ　6. キ　7. カ

【解説】
1. アニメーションの略。
2. ラブ・ロマンスでここ数年有名になった映画のタイトルなどを紹介するとよい。
3. 「ミイラ」は写真や絵を見せて説明したほうがいい。
4. アメリカ映画の「スターウォーズ」などは特に有名。
5. 香港映画のアクションスター、ジャッキー・チェンのことなどを話題にする。
6. 実在の人物や、実際にあった事件などを記録したもの。
7. 喜劇。それぞれの国の有名な「コメディー」を紹介してもらうのもよい。

18　どんな人？
【留意点】
人の性質や好みを表すことばを集めた。これらのことばは場面や相手をよく考えて使うよう指導する。1．2．3．5．6．7．は直接相手に言うと失礼になることがある。

【解答】
1. キ／エ　2. カ　3. オ　4. ア　5. ケ　6. イ　7. ウ　8. ク

【解説】
1. 「派手」は目立つ様子。服装ばかりでなく、「〜なけんかをする」のように動作などにも使われる。対語は「地味」。
2. いつもしなければならないことをしないで、放っておく人のこと。
3. 気が短くて何でも急いでやってしまう人のこと。
4. 服装などに気を使い、上手に自分を飾ることができる人。
5. 女性と遊ぶことが好きで、女性に人気がある男性。
6. 人が何と言おうと自分の考えを変えない人。
7. お金や物をできるだけ使わない（使いたがらない）人。
8. （子どもが）あまりよく知らない人に対して、恥ずかしがったりいやがったりすること。

19　どんな性格？
【留意点】
人の性格を表すことば。どういう人を「太っ腹」というのか、「のんき」

というのか、国によって感じ方が違うだろう。日本人の一般的な感じ方を教えるのもいい。「わがまま」「のんき」「おしゃべり」「おくびょう」などは相手に向かって使うと悪口になる可能性が大きいので気をつける。
【解答】
1．ク　2．オ　3．イ　4．キ　5．エ　6．ア　7．ウ　8．カ
【解説】
1. 「人」はここでは「性格」の意味。
3. のんびりとした性格。
4. 小さいことを気にしない人。
6. 他の人のことを考えず、無理なことでも自分がしたいようにすること。類語に「自分勝手」がある。
7. 「おしゃべり」は「よくしゃべる」という意味。ここでは何でもすぐに他人に話してしまう人のこと。
8. 気が小さくすぐにこわがる人。「こわがり」ともいう。

20　この意味わかる？　1
【留意点】
「へそくり」や「おかわり」、「浪人」などのように、国によってはその習慣がなかったり、違ったりするために意味がわかりにくい語を集めた。
【解答】
1．ウ　2．エ　3．ア　4．イ　5．オ　6．ク　7．カ　8．キ
【解説】
2. 一晩中起きていること。
3. 見つからないようにそっとためたお金。
4. 「ほれる」は好きになること。
5. 食べたり飲んだりした後、また同じものをもらうこと。
6. 大学などに入学できなくて、次の試験のために準備している人。
7. 日本では交番の警官を「おまわりさん」と親しみを込めて呼ぶ。
8. 「やきもちを焼く」はここでは「人の幸福や幸運をうらやましいと思い憎む」こと。

21　この意味わかる？　2
【留意点】
よく使われることばなのに、意味や使い方が学習者にわかりにくい語を

集めて問題にした。
【解答】
 1. イ　2. カ　3. エ　4. ウ　5. ア　6. オ
[解説]
 1. 「運良く偶然に…できた」という意味。
 2. 何かをするときに大事なことを抜かしてしまっている人のこと。その人のことをあきれていうときに使う。しかし直接使うと失礼になる。
 3. 実力以上に自分が優れていると思っていること。
 4. 物事をうまく行うためのちょっとした秘訣。
 5. 他人をだましてお金や品物をとること。「詐欺師」はさぎをする人のこと。
 6. 「さばをよむ」は、さばを買うときに得をしようとして数をごまかしたことからきた。

22　どんな手？
【留意点】
「手」がつく語。「やり手」「買い手」「手先」など「手」が「人」を表す場合や「元手」のように「お金」を意味するものなどがある。
【解答】
 1. キ　2. ク　3. カ　4. イ　5. オ　6. ア　7. エ　8. ウ
【解説】
 1. 対語は「売り手」。
 2. 自分の条件や力にちょうどいい。「手ごろな値段」は「高くなく、買いやすい値段」の意味。
 3. 自分で弁当を持って来て手伝うこと。
 4. 「手先になる」は力のある人に使われて働くこと。普通よくないことに使う。
 5. 何か問題がおこって順調に進まないこと。
 6. 仕事をうまく進めていける人。
 7. 商売を始めるために必要な資金。
 8. 「小手先」は「手先＝手の先の部分」のこと。「小手先の技術では決して成功できない」は「本当の実力がいる」という意味。

23 頭？ それとも心？

【留意点】
「気分」「気持ち」「思い」など、どういう状態のときにどのことばを使うか、区別が難しい。その語を含む文の形で習慣的に覚えるように指導する。

【解答】
1. カ　2. ウ　3. オ　4. ク　5. エ　6. イ　7. キ　8. ア

【解説】
1. 「自分の体や心の調子がいい」の意味。「気持ちがいい」は「このベットはやわらかくて気持ちがいい」や「森の中は空気がきれいで気持ちがいい」のように使う。
2. 「考え」は「具体的な予定や計画」を意味する。「思い」は「子供に対する母親の思い」のようにその人の気持ちを表す。
3. ここでは経験のこと。「〜思いをする」という形で使う。
4. 「やる気」は何かしようという気持ち。
5. 「頭を冷やす」は「冷静になる」という意味。
6. 「腹を決める」は「決心する」こと。
7. 「気持ちが悪い」は見たりさわったりして「いやだ」と思う気持ち。ここでは「不自然な、不安な」感じ。
8. 「心細い」は「頼るものがなくて心配」の意味。

24 体の一部　1

【留意点】
体の部位、それもあまり聞かない部位の語を使った表現を覚える。一通りやったあとで、もう一度自分の体を指差しながら、ことばを確認しておく。漢字で書けば、漢字圏の学習者には容易に判断できるものもあるが、ここでは敢えて、ひらがなから部位を考える問題にした。問題が終わったあとで漢字を提示するのもよい。

【解答】
1. キ　2. ケ　3. ク　4. ア　5. ウ　6. オ／カ　7. イ　8. エ

【解説】
1. 「ひじをつく」は動作で示す。「ひじをついてごはんを食べる」行為が礼儀に反するかどうかは、国によって違う。ここでは日本のマナーであることに言及する。
2. 怒ったときや困ったときなどに、眉と眉の間にしわをよせること。

3. 「横腹」ともいう。
4. 動作で示す。「こぶし」の類語に「げんこつ」がある。
6. ここでいう「ひねる」は無理な力が加わって足首や手首を痛めること。
7. 「手首を切る」は自殺を意味する。
8. 地面や床にひざをつくこと。実際に祈る動作をするとわかる。

慣用句　25－37

25　体の一部　2
【留意点】
体の部位の機能から派生した意味をもつことば。動作や絵を使って語のイメージをうまく説明するといい。
【解答】
1. ウ　2. オ　3. イ　4. ア　5. エ

【解説】
1. 「初めて耳にした」で「初耳」。
2. 「石のように硬い頭」から考えを変えない人のこと。石のような頭の絵を描いて見せるとよい。
3. 「自慢する」という意味。
4. 「とても好きだ」という意味。
5. 類語に「口約束」という語がある。

26　体の一部　3
【留意点】
体の部位を使った慣用表現を集めた。部位の名称を確認してから問題を始めるとよい。
【解答】
1. キ　2. ウ（働き口(ぐち)）　3. ア／ケ　4. オ　5. カ（本腰(ほんごし)）　6. イ
7. エ　8. ク

【解説】
1. 親から学費や生活費を援助してもらうこと。そのような人を「すねかじり」という。
2. 「働き口」は「就職先」のこと。
3. 自分としては方法がなくどうすることもできないこと。
4. 「まともに見ていられないほどひどい」という意味。

5. 本気で物事に取り組むこと。
6. 大笑いすること。動作で示すとわかりやすい。
7. ここの「腕」は技術のこと。
8. 困ったり悩んだりする様子。

27　えっ！　それは大変だ！！
【留意点】
体の部位の状態を形容することによって、その時の感情や状態を表す言い方。例えば「がっかりする」という状態を描写するとき「肩を落とす」という表現を使ったほうが、「がっかりした」様子が具体的にイメージできる。ここではこのような点に目を向けて学ぶと、よりことばのおもしろさが増す。
【解答】
1. イ　2. ク　3. ウ　4. エ　5. キ　6. カ　7. オ　8. ア
【解説】
2. 自分の足なのに自由に動かせないくらい疲れた様子。
4. がっかりした様子。実際に動作で示すとよい。
5. まちがいや失敗を大きな心で特別に許す。
6. 「どんなことがあっても絶対に言わない」という意味。
8. 問題文の中の「たこ」は体にできるたこのこと。「ペンだこ」や「座りだこ」などで説明するとわかりやすい。

28　どんな様子？
【留意点】
体の部位を用いた慣用句は、国によって意味が異なるので理解の難しいものが多い。実際に表情を作ったり、絵で示すといい。
【解答】
1. ウ）顔をくしゃくしゃにし　2. エ）顔が広い
3. イ）目じりがさがる　4. カ）鼻で笑っ　5. ア）口から先に生まれ
6. オ）口をとがらせ
【解説】
2. 「多くの人とつきあいがある」という意味。
4. 音で表せば「フン」っといった感じ。
5. 「口が一番先に発達したかと思わせるほどよくしゃべる」の意味。

6. 不満を表す表情。子どもが親に対して、あるいは大人の間でもかなり仲のいい人たちの間でしか「口をとがらせ」たりしない。

29 目がどうした？
【留意点】
「目」から始まる慣用句を集めた。目は「目と鼻の先」のように目そのものを言う場合、「目立つ」とか「目に見える」のように実際に「見る」という機能を言う場合、「目が肥えている」のように「物を見抜く力」を言う場合とがある。
【解答】
1. エ）目から火が出る　2. イ）目立つ　3. オ）目と鼻の先
4. キ）目の色を変え　5. ア）目に余る　6. カ）目に見え
7. ウ）目が肥えている
【解説】
1. とても痛いこと。目から火が出ている絵を描くと印象に残る。
2. 他のものとはっきり違って見えること。
3. 距離がとても近いこと。自分の目と鼻で説明するとよい。
4. 「いつもと違って必死に…する」という意味。
5. することがあまりにもひどいので許すことができない。
6. はっきりと違いがわかるほど変化すること。
7. いい物がわかること。

30 水がどうした？
【留意点】
「水」と動詞という組み合わせのことばを集めた。他に「水くさい」「水と油」など「水」と組み合わせたことばを紹介してもいいだろう。
【解答】
1. エ）水にながし　2. ウ）水があわない　3. カ）水をうっ
4. ア）水をあけ　5. オ）水もしたたる　6. イ）水をさす
【解説】
1. 今までのいやな事は忘れてしまう、の意味。
2. その土地の気候や食べ物が自分に合わないこと。
3. ほこりっぽい所に水をまいたときのように、そこにいる人が一斉に静かになる様子。

4. もともとは競艇で1艇身以上、競泳で1身長以上の差がつくこと。「競争相手とかなり差がつく」という意味で使われる。
5. 「水も（の）したたるいい男／女」の形で使われる。美男、美女の美しさを表す言葉。
6. 話が盛り上がっているとき、何かを言って邪魔をしたり、仲のいい二人の関係を壊したりすること。「二人の結婚話に〜」のような使い方もある。

31　どんな動物？　1
【留意点】
動物の名前を使った表現は、その動物によって抱く印象が、国によってちがうので学習者も興味を持つ。「猫なで声」とはどんな声なのか、教室で実際に先生がまねをしてみるのもいい。
【解答】
1. ア　2. ウ　3. イ　4. キ　5. オ　6. エ　7. カ
【解説】
1. 火事や事故、けんかのときなどに、自分とは関係のないことをおもしろがって見物したり、大騒ぎしたりする人たちのこと。
2. 人に頼むときなどに出す甘えたような声。
3. けんかに負けた犬が弱々しく逃げていく様子を人間にたとえたもの。
4. 同じ意味のことわざに、「弘法も筆の誤り」がある。
5. 「狸を捕まえる前から、狸の皮を売ってもうけることを考える」というのが元の意味。
6. きつねは昔から人をだます動物と考えられている。
7. 袋に入れられたねずみはもう逃げられない。

32　どんな動物？　2
【留意点】
動物を使った慣用表現。本来動物が持っている特性を人間に当てはめていう言い方や、人間と動物の関わり方から生まれた表現がある。
【解答】
1. オ）猫をかぶる　2. エ）狐につままれ　3. イ）着たきりすずめ
4. ウ）飼い犬に手をかまれる　5. ア）馬があう

【解説】
1. 自分の本当の性格を隠しておとなしくすること。
2. 日本では狐は人をだますと言われていることからきた表現。「何が何だかわからなくなる」という意味。
3. 昔話の「舌切りすずめ」をもじってできたことば。
4. 犬は主人に従順で決して裏切らないと思われている。この犬のように自分に忠実な人に裏切られたときに使う。
5. お互いに気持ちがぴったり合う。

33　どんな虫？
【留意点】
虫を使った慣用句。「あり」「蜂」「みみず」などがどんな虫か知らない学習者もいるので、絵や写真などを使って説明してから問題をさせてもよい。
【解答】
1. カ（働き蜂）　2. ア　3. オ　4. エ　5. イ　6. ウ
【解説】
1. 仕事ばかりしている人のことをたとえて言う。
2. 細長く赤くはれた部分が、みみずに似ていることからこのように言う。
4. 蚊が飛んでいるときの音のようにとても小さい声。
6. 親が女の子をとてもかわいがる様子。

34　どんな木？　どんな花？
【留意点】
まず植物のそれぞれの名称を教えてから、問題に入る。
【解答】
1. ア　2. オ　3. オ／イ　4. ア　5. オ　6. ウ
【解説】
1. 「職場の花」は若くて明るい女性のことをいう。
2. 忘れないでずっと恨み続けることをいう。
3. まったく根拠がないこと。
5. ここでいう「根」は、その人のもともとの性質のこと。
6. 「芽が出ない」は世の中に才能や力が認められないこと。

35 どんな数字？
【留意点】
一から万までの数字を使った熟語や慣用句のうち、よく使うものをここに集めた。

【解答】
1. 一 2. 一／万(ばん) 3. 一／八(ばち) 4. 万／一 5. 九(きゅう)／一
6. 二／三 7. 千／万(ばん) 8. 一

【解説】
1. 一応、正しいと思える理由。
2. 「一つの事がそうならば、他の多く事もほとんど同じだ」ということ。「万」はここでは「ほとんど、全て」という意味で使われている。
3. うまくいくかどうかは分からないがとにかくやってみよう、というときに使う。
4. 「万分の一の可能性で…」、ということから、「もしも…」の意味。ふつう後にあまりよくないことがくる。「万一」ともいう。
5. もう少しで死ぬところだったというような場面で、なんとか助かる。
6. 「二人で力をあわせて」の意味。
7. それぞれ違う。いろいろあること。
8. 「自分よりも優れていると認めている」という意味。

36 ○○○○、●●●●
【留意点】
ここでは、「踏んだり蹴ったり」「寝ても覚めても」というようなリズムをもった言葉を中心に勉強する。語を重ねることによって、言い表す動作が生き生きと目の前に迫ってくることを強調してほしい。

【解答】
1. ウ 2. イ 3. エ 4. ア 5. オ 6. ク 7. キ 8. カ

【解説】
1. 「まったく違う」という意味。
2. 「実力があり、立派でだれからも認められている」という意味。
3. 「一つ、一つていねいに」の意味。「教える」、「指導する」などの動詞とともによく使う。
4. 先のことを考えずにその場その場で計画なくやること。
5. 「だれかに足を踏まれた上にけられる」というように、悪い出来事が続

けて起こりひどい目にあうこと。
6. 「切ろうとしても切れない、とても強いつながり」の意味。
7. 「寝ているときも、起きているときも…」つまり「ずっと…」という意味。
8. うろうろすること。

37 「会話」弾んでますか？
【留意点】
発話に対する応答の例を集めた。問題が終わったあとに、各問がどんな状況で使われるか簡単に説明を加える必要がある。
【解答】
1. ウ 2. イ 3. オ 4. ア 5. エ
【解説】
1. 「口先だけ」はことばだけで実際は言ったとおりにはできないこと。
2. 「目じゃない」はこちらが本気になってやるほど相手が強くないときに使う。
3. 正しいかどうか疑わしいもの。
4. 「額に汗する」は一生懸命にすること。
5. 舌の動きが悪くて、発音がはっきりしないこと。ここでは舌足らずで甘えて子どものような話し方をしていることを説明しておく。実際に言ってみるといい。

まとめて覚える　38−50
38 何色？
【留意点】
色を使ったことばを問題にした。「純白」や「白衣の天使」などのことばを例に、「白は一般に清潔な感じを与える」など、それぞれの色がもつイメージにも言及するといい。また「青（あお）」、「青（せい）」のように結びつく語によって漢字の読み方が違うことも指導する。
【解答】
1. 白(はく) 2. 青(あお) 3. 白(はく) 4. 赤(せき) 5. 黒(こく) 6. 赤(あか) 7. 青(せい) 8. 赤(せき)
9. 黒(こく) 10. 白(はく)

【解説】
2. 野菜のこと
4. 赤飯の材料はもち米とあずき。このあずきが赤い色を出す。赤はおめでたいことを表す。
5. 家の中心にある太い柱。
6. 「朱に交われば赤くなる」は「つき合う人によって良くも悪くもなる」という意味。
7. 青空なのに突然雷が落ちたときのように、急に起こった出来事。
8. 恥ずかしくて顔が赤くなる様子。
10. 恐怖のために顔色が青白くなる様子。

39　いくら?
【留意点】
「費」「代」「賃」など、お金に関する表現。「運賃」と言えても「運費」や「運代」とは言えない。習慣として使うことで自然に身につくように導く。
【解答】
1. エ　2. イ／カ　3. ア／イ／オ／ア　4. ア／ウ／ウ／ア　5. イ
【解説】
1. 電車賃ともいう。
2. 「額」はお金の数量の意味。
4. 「賃」「料」「代」は実際にかかるお金。「費」は「交通費」「食費」のように使う（使った）お金の分類をいう。

40　顔
【留意点】
「顔」がつく語である。「童顔」や「真顔」のように、顔立ちや顔の表情をそのまま表した語もあるが、「ものしり顔」や「知らん顔」などは「まるでそのことを知っているというような表情」「気づいているのに、知らないという振りをして」というように、その人の態度を表す語である。
【解答】
1. カ　2. オ　3. エ　4. ウ　5. ア　6. イ
【解説】
1. まじめな表情。
2. 元気がなく暗い顔。「沈んだ顔」は同じ意味。

3. 知っているのにわざと知らないふりをしている様子。
4. 以前見たことがある人、知っている人。
5. 何でも知っているような表情。あまりいい意味には使わない。
6. 大人なのに子供のような顔。

41　頭
【留意点】
40では「顔」がつく語を並べたが、ここでは「頭」に関する語を中心に勉強する。
【解答】
1. エ　2. カ　3. オ　4. ウ　5. イ　6. ア
【解説】
1. 理由も聞かないで最初から「こうだ」と決めつけて言うこと。
2. お金や品物を人数で割って平等に分けること。
3. 頭が大きいこと。「でっかち」は「でっかい（大きい）」の意。知識だけが多く実際は何もできない人の事をいう。
4. この「頭」は「最初」の意。「頭金」は最初に払うまとまったお金のこと。
5. 「頭」は「人」のこと。「頭数」は「人数」の意味。
6. 「もうこれ以上は伸びない」という意味。頭が天井についている絵を描いて見せるといい。

42　まっ〜
【留意点】
頭に「真」がつくことばをいっしょに覚える。「真」がつくことによって、「赤（あか）」は「（まっ）か」に、「青（あお）」は「（まっ）さお」に変化することにも注意する。また「真っ白」「真っ青」「真っ赤」などは単に色を表すだけではなく、派生的意味もあり、その例をとりあげた。
【解答】
1. オ　2. ア　3. カ　4. エ　5. キ　6. ウ　7. イ
【解説】
1. ここでは「素直な」「正直な」という意味。「まっすぐ」には他に「〜な線」「〜帰る」のような言い方もある。
2. 「全く」の意味。他に「〜なにせもの」がある。

4. 緊張したりショックを受けたりして、何も考えられないときに使う。
5. ちょうど半分ずつに分かれた状態。
6. 「一番初めに」の意味。
7. 顔に血の気がない様子。強いショックを受けたときや、急に具合が悪くなったときなどに使う。

43 一〜
【留意点】
「一」が頭につくことばで「いち」と読む語だけを集めた。数字の「一」を意味する語もあるが、「一任」や「一躍」などのように、「一」という意味からかなりはずれてしまった語もある。選択肢を漢字にしてふりがなを付けた。ことばと漢字を一緒に覚えさせる。
【解答】
1. イ　2. ウ／ウ　3. カ　4. キ　5. ク　6. オ　7. ア　8. エ．
【解説】
1. 「一輪ざし」は花を1本さす小さな花びんのこと。
2. 「一難去ってまた一難」は「ひとつ悪いことが解決したと思ったらすぐにまた続けて悪いことが起きた」という意味のことわざ。
3. 同じ仲間。主に悪い意味に使う。
4. 「別の面」の意味。
6. 全てまかせること。
7. それぞれがつながって関係があること。
8. 「一躍」は「急に」という意味。急に有名になったり地位が上がったりしたときに使う。

44 無〜
【留意点】
「無〜」という形の語を集めた。他に「無事」「無難」など「無〜」という形もあるが、別の機会に教えるほうが学習者が混乱しない。
【解答】
1. コ　2. キ　3. ア　4. カ　5. オ　6. ウ　7. ク　8. エ　9. イ
10. ケ
【解説】
1. 「数え切れないくらいたくさんある」という意味。

3. 人の気持ちなど全く気しない様子。
4. よく考えずに行動する様子。
5. 相手になる敵がいないほど強いということ。
9. 「言うまでもなく、もちろん」の意味。
10. 「はっきりした自覚がなく…する」という意味。

45　最〜
【留意点】
「最」がつくことばをまとめて出した。「最大」と「最小」、「最高」と「最低」のように対語の形で教えるのもいい。
【解答】
1. キ　2. カ　3. オ　4. エ　5. イ　6. ア　7. ク　8. ウ

【解説】
1. 「悪」の対語は「善」や「良」だが「最善の日」とは言わない。
4. 「先」は「前」の意味。
5. 「最前線にいる」は実際の戦争の場面で、軍の一番前にいるという意味。企業などの競争を「戦争」と同じと考えて使われる。
6. 「できる限り」の意味。
7. 世界最古の木造建築は法隆寺（奈良県）。

46　〜っくり
【留意点】
「っくり」で終わることば。副詞の仲間。頭の1文字が変わっただけで、全く違う意味になるというおもしろさに気づかせる。「びっくり」があるのなら「ばっくり」があるのだろうか？と学習者が自分で辞書を引いて確かめるようになれば成功。
【解答】
1. カ　2. エ　3. オ　4. ウ　5. ア　6. イ

【解説】
4. 時間をかけて「よく…する」様子。「じっくり（と）考える」「じっくり（と）話し合う」など。
5. 「しっくり」はよく合っている様子。人間関係についていうときは「しっくりいかない」の形で使われることが多く、「気持ちが合わなくて、仲がよくない」ということ。

6. 期待通りにならず、残念だという気持ち。「～する」「～くる」「～（と）肩を落とす」などの形で使われる。

47 ～々
【留意点】
漢字1字だけでは意味をなさないが、重ねると意味が生まれる語。「国々」や「方々」のような語とは明らかに意味の違いがあることに注意。
【解答】
1. ウ　2. ク　3. ア　4. キ　5. カ　6. オ　7. イ　8. エ
【解説】
1. 「自信にあふれて、立派に」という意味。
2. 「とてもひどく」の意味。
3. 目標に向って順序よく確実に進む様子。
4. 絶えることなく、長く続く様子。
5. 「いろいろ、たくさん」の意味。
6. 「…してすぐに」の意味。
7. とても自信がある様子。
8. 黙って、根気よく何かをする様子。

48 ～然
【留意点】
「然」で終わることばをまとめた。「然」は他の語の下について状態を表すことができるのでその点を意識させると覚えやすい。
【解答】
1. キ　2. オ　3. エ　4. ア　5. ク　6. カ　7. ウ　8. イ
【解説】
1. 当たり前。
2. ここでは「全く」という意味。＊「全々」と書くのはまちがい。
4. あきれてことばも出ない様子。口を開けて驚いている様子を描いて教えるといい。
6. 「断然～」で「とても～」。
7. 「公然」は「みんなが知っている」の意味。「公然の秘密」は一応秘密ということになっているが、実はみんなが知っていること。

49 何人？
【留意点】
「人」を「にん」というか「じん」というかをことばの成り立ちやある一定の法則から教えていくのもいいが、習慣的に口にするようにすれば自然に覚えられる。
【解答】
1．キ　2．エ　3．ケ　4．コ　5．ウ　6．ク　7．オ　8．イ　9．ア
10．カ
【解説】
4．世の中に出て働いている人。
5．その人自身。
7．自分の夫のことを他の人に言うときに使う。
10．ごく普通の人のこと。「平凡な人」の意から。

50 何屋さん？
【留意点】
「～屋」のつくことばで「そういう傾向がある人」という意味の語を集めた。
【解答】
1．キ　2．カ　3．イ　4．エ　5．オ　6．ア　7．ウ
【解説】
1．類語に「照れ屋」がある。
4．自分の考えを変えず、こちらの言うことを聞いてくれない人。
5．神経質で、自分の思い通りにならないとすぐに機嫌が悪くなる人。
6．天気のように気分の変わりやすい人。類語に気分屋がある。
7．自分を良く見せようとする人。